放送大学叢書048

現代中国　都市と農村の70年

現代中国　都市と農村の70年　目次

はじめに

現代世界においては、いずれの国にも都市と農村があり、固有な歴史と自然を背景にそれぞれに特有な情景や景観が生み出され、その中で人々が全き社会生活を営んでいる。それは各国に普遍的な事実であり、あえて特記するには当たらない。だが、ここにとり上げる中国の「都市と農村」という一括りの言葉の中には、加えて他の国々にはない、ある特別な意味が与えられている。それが、まさしくこの国の現代史を特徴づけている「二元的社会」という意味である。

中国は、一九四九年の建国から数えて今年でちょうど七〇年、この間この国には「都市」と「農村」という厳然とした二つの社会が存在してきた。しかもこの体制は、とりわけ農村にとって厳しく、一貫してその劣位を固定化させた形で続いてきた。その二元体制を固定化し維持してきた法的基盤が、一九五八年に制定された戸籍制度であることはよく知られているところである。なぜなら、中国の人々は、以来みなこの厳しい制度によって、原則として都市、農村間を移転することを認められず、生涯を通じて変わることなく生まれ落ちた社会に住み、働き、そのまま一生を終えたからである。

そして都市と農村の間には、国の政策によってもたらされた少なからぬ経済格差が生まれ、さまざまな待遇上の差異が存在することとなり、さらに福祉、医療、教育などを加味した社会生活においては、越えがたい生活の質の違いが生じた。試みに、建国から約五〇年たった二一世紀初頭の都市住民と農村住民の可処分所得をみると、それはすでに改善途中であったにもかかわらず、平均で約三倍の開きがあり、場所によってはその差が四倍を超えていたのである。

では、こうした二元的社会が生じ、かつ固定化された根源には何があったといえるのであろうか――。その中で人々はどのように生きたのであろうか――。

それを語ることが本書のテーマである。換言すればそれは、二〇世紀中葉に建国したこの国が、米ソ対立の冷戦構造の世界の中で、自らの独立を維持し、国力を強化していくために、その後の半世紀間に如何なる政策をとり、それはこの国の人々にどのような生活をもたらしたのかを明らかにすることに他ならない。またそれは、建国初期の商工業がいまだ未発達な段階にあったとき、その発展を助け、かつ国の経済を維持する役割を担った農村と農民が如何に苦闘したかを語ることにほかならない。

　それはどのような仕組みによって可能であったのか――。またそれはいつまで続いたのか――。そして、さらに問うべきは、その後この国の商工業が大きく成長し、少なからぬ都市が華やかさを競うようになったとき、では一方の農民は「小康」（まずまず）の生活を享受できるようになったのかという問いである。周知のように中国は、二一世紀に入ってから、とみに経済発展著しく、まさに世界の大国となりつつある。であれば、そうしたこの国で、過去五〇年にわたって積み重ねられてきた二元的社会の格差がどうなったのか、それは解消されているのか、それがまず問われねばならないであろう。

　そしてこの問いをたて、この問題に向き合おうとしたとき、二一世紀に入ってからこの国では、この問題が一つの言葉「反哺《はんぽ》」と共に提起され、国政の中でしばしば論じられていることに気が付く[1]。二〇〇四年に語られた「胡錦濤《こきんとう》報告」、二〇一三年から折々表明されている「習近平発言」がまさにその事実を示している。しかもそこでは、胡錦濤、習近平両氏が、共にこの同じ言葉をもって問題提起をしているのである。これは何を意味するものであろうか。

（我が国は）工業化の初期段階に、農業が工業を支え、農業が工業のためにその蓄積を提供した。だが現在、我が国の工業はすでにかなりの発展段階に至っている。今こそ工業が農業に「反哺」し、都市が農村を支え、そのようにして工業と農業、都市と農村が共に協調発展するときである。これこそあるべき方向である。

（胡錦濤「做好当前党和国家的各項工作」[2]）

農業は本来的に弱い産業である。食糧生産は常に自然災害に直面し、市場の動向に左右される。したがって今日我が国の基本的な国情や農業の状況から考えるならば、やはり工業が農業に「反哺」し、都市が農村を支え、「多予、少取、放活」（多く与え、少なく取り、活性化させる）という方針をもって政府が農業への支援や保護を強め、食糧生産政策の体系を堅持していかねばならない。

（習近平「飯碗要端在自己手里」[3]）

中国が強くあるためには農業が強くなければならない。中国が美しくあるためには農村が美しくなければならない。そして中国が豊かであるためには必ずや農村が豊かでなければならないのである。

（同「在中央農村工作会議上的講話」[4]）

「反哺」とは、「慈烏反哺以報親」という言葉があるように、本来は「カラスの子が成長した後、親ガラスにエサを口移しで食べさせること」をいい、転じて親の恩に報いること、「恩返し」をするという意味になった。日本にも「カラスに反哺の孝あり」という諺《ことわざ》がある。[5]であれば、現在この言葉が中国の国政の中で政策の一つのキーワードとして使われている訳は、この国の歴史の中に、カラスの親子関係にも比類される「養った側」と「養われた側」、「支えた側」と「支えられた側」の関係があったことを示すものであろう。

そして胡錦濤報告によれば、それこそ建国の初期、この国が発展途上国として最も困難であったときに、農村における農民が貧しさの中でも農業生産に励み、その生産物および利潤をギリギリまで都市および工業に提供して、その成長を助け支えたことがあったことに思い至る。また習近平発言によれば、にもかかわらずそうした関係が残した負の遺産が、農村では二一世紀に入ってもなお解消されずに残されており、現今の「三農問題」（農村は苦しい、農民は貧しい、農業は危うい）にまで至っていると考えられ、今こそ都市および工業部門が、これまでの恩を忘れることなく、農村および農民に恩返しし、そのうえで将来の共同発展に向けて進むべきであるということになろう。

ここからは中国において建国以来続いてきた都市と農村という二元的社会のありようの重大性と、今後それを如何にして解消し、両者の協調発展に至るかという課題の重さ、深刻さが見えてくるように思われる。なぜならそれは単に社会の構造の問題であるにとどまらず、そこに生きた人々が強いられた生き方の問題であり、同様に今後生きていく人々の生活の質の問題だからである。

私は、一九七二年九月、あの日中国交正常化の直前、友人と旅した西安郊外で一軒の農家を訪ねた日の衝撃を今も鮮明に思い出す。それはたった半日だけの短い参観ではあったが、見学した人民公社の畑の作物や果樹はよくできているのに、農家の生活があまりにも貧しく恵まれないものであったからである。これは何なのか——。

以来私は中国の農村社会に関心を持ち、帰国後『中国農村慣行調査』研究会に加わって、かつて一九四〇年代初頭に満鉄調査部が実施した農村調査に基づく大部な上記調査の記録を読み、戦前までの華北農村の村落機構や家族、土地所有、小作、水利、公租公課、金融、取引などについて学んだ。そして、その後一九九〇年代になって、やっと恵まれた現地調査の機会に、研究会グループで六年間にわたって『慣行調査』と同じ村々を訪ね、直接農民にインタビューする形でその後の五〇年の彼らの歴史を聞き取ったのである。その延べ五四〇人に及ぶ聞き取りから得たものは、まさに二元的社会の一方である農村および農民の現実であった。

今、ここに本書を書くにあたっては、この聞き取り調査で得た実態も交えつつ、二〇世紀における建国以後五〇年間の「都市と農村」について記し、さらには続く二一世紀初頭の二〇年間にわたる中国社会の全体的ありようについても考え、都合七〇年間の中国現代史を踏まえて、今後の隣国との関係に思いを致したいと思う。

◉第一章

中華人民共和国の成立と初期建設の日々

一九四九年一〇月一日、中華人民共和国が成立した。

この日北京の天安門広場には三〇万の人々が集って建国を祝う開国大典が開かれた。その中心をなす天安門楼上には新政権の主席となった毛沢東が立ち「中華人民共和国中央人民政府が本日ここに成立した」と宣言した。広場には、後に正式な国歌となる「義勇軍行進曲」が流れ、国旗として五星紅旗がはためき、閲兵のため人民解放軍兵士の隊列が東から西に向かって進み、上空には空軍所属の一七機が飛行して式典を祝った。だがこの一七機のうち四機には実際に実弾が装備されていたと伝えられる。それは世界の閲兵式史上かつてなかったことであるが、そのわけはこの時の参加機が戦闘当直任務に当たっていたからで、この国がなお国共内戦のただ中にあったことを物語っている。戦いが完全に終了したのは、同年一二月、国民党勢力が最後に拠った成都が陥落して、蔣介石《しょうかいせき》政権が台湾に移遷した後のことであった。

では、この日からこの国はどのようにスタートしたのであろうか――。

建国時の大きな目標は、直前の九月に開催された中国人民政治協商会議の「共同綱領」が示しているように、「新民主主義国家の実現」であり、長年の課題であった「独立、民主、平和、統一、富強のために奮闘する」ことであった。この時点では社会主義の実現はなお先のこととされていたのであり、当面なすべきことは、①産業を育成して戦争の荒廃から経済を復興すること、②旧体制の残滓を根絶して政権の基盤を固めること、③農村において土地改革を完成しすべての農民に土地を与えること、であった。

たしかに、長い日中戦争とその後に続く内戦の戦禍の上に、やっと「惨勝」を勝ちとった新国家であってみれば、これらの点こそ重要であったことだろう。そして、特にこの時点の人口比をみれば、都市と農村の比率は一対九だったのであり、したがって広大な農村を対象として、まず土地改革を行なうことが重視されたことは頷けるものであった。

ただし、この時点で土地改革を強力に進めた理由としては、これまで常に強調されてきた「すべての農民に土地を与える」こともさることながら、もう一つ「新政権による農村掌握」という差し迫った政治的課題が存在していたことを見落とすべきではない。そこで以下には、その点を端的に示す「小さな歴史上の一場面」をあげておきたい。

「とき」は建国に先立つ一九四九年五月、中共中央華中局*第一回会議の開かれたある夕べ。「ところ」は会議の行なわれた河南省商丘。この時夕日の見える黄河の堤防を歩きながら語っていた「登場人物」は、林彪《りんぴょう》（当時華中局責任者）と杜潤生《とじゅんせい》（同秘書長、後に中国農村改革の父といわれる）である。

もともとこの会議の目的は、二か月前の三月に開催された第七期二中全会**の決議「今後は工作の重点を農村から都市に移し、都市では生産の発展に重点を置く」方針を下部に伝達することであった。そのため現場にいた杜潤生は、北京からやってきた林彪にその真意と方法を尋ねたのであり、その後自らの理解と意見とを次のような文書にして中央に送ったのである。

全国的に、また戦略的にみると、今後の工作の重点はたしかに都市が農村を指導することであり、都市においては商工業の建設が中心でありましょう。しかしながら具体的な工作の手順は、当面農村工作を速やかに遂行し農民の土地問題を解

＊＝建国に至る時期は、なお一元的統治が困難であったところから、行政の面で全国が六大行政区に分けられていた。華中局とは、その一つ華中行政区に対応して設けられたものである。

＊＊＝これは、一九四五年に開かれた党大会＝中国共産党第七回全国代表大会（中共七全大会）をうけて、一九四九年に開催された中央委員会第二回全体会議のこと。党大会は中国共産党が最も重要な事項を決定する会議だが、初期は開催が不定期であり、定期的になってからも、おおむね五年ごとであるため、その間は中央委員会が職権を代行する。現今、最新の党大会は二〇一七年一〇月に開かれた第一九回全国代表大会（中共一九全大会）であり、そこで開催された最新の中央委員会全体会議は二〇一八年二月の第一九期三中全会である。

決することにあります。また党の末端組織と末端政権を構築して政権全体の基礎を固めることが現今の課題です。そこで、ここではまず工作の重点を農村におくことが、経済的にも政治的にも必要であることを報告し、主席と党中央の許可を求めるものです。

（杜潤生『中国農村改革の父　杜潤生自述』[1]）

すると、この文書に対して、毛沢東と党中央から即刻電報で「同意する」旨が伝えられた。

要は、都市工作と農村工作の問題は「どちらの足から踏み出すか」という問題で、この地が新解放区であるからには、面積比からいってもまずは農村の陣地を強固にすべきであり、そうすることで工業や商業の問題をも主導的に解決することができるというわけである。当時そうした柔軟性があったことを、この場面は示している。

そしてこの背景の上に、建国からわずか一〇日にして、全国で最も早く、最も基層であるところで実際に着手されたものが、一〇月一〇日に始まった「河北新区の土地改革」であった。

1　建国期農村社会の大いなる変化

土地改革とは、一口で言えば、土地所有の不公平を正す運動のことである。中国社会は、それまで長期にわたって続いてきた「地主制」の下で、少数の地主が多くの土地を持ち、より多数の農民がわずかの土地しか持つことができない社会であった。*

もちろん中国は広いので、そのありようも地域によって相違があり、全国一様であったわけではない。華北のように大地主が少なく、どちらかといえば小規模の自作や自小作が多いため、典型的な地主制とはいい難いところも少なくはなかった。だがそれでも、総じて土地所有の不公平はすべてのところに見られたのである。そのためこの状況に終止符を打ち、農民たちの土地への渇望をテコに、これまでの体制の解消をはかろうとして行なわれたものが土地改革であり、それは建国に先立つ内戦の間にも各

＊＝建国から五〇年代にかけての統計によれば、地主は総人口の三％で耕地の二六％を所有し、他方貧しい農民は人口の六八％で耕地の二二％を所有しており、その格差はやはり大きかった。[2]

地で進められてきて、農村の社会構造を大きく変更し、共産党軍の戦力を強化してきたのであった。

そして今まさに建国の時であってみれば、新政権はこの機会に、それまで地主の束縛と庇護の下にあった農民を今度は国の手に取り戻し、彼らを専ら政権の基盤に据えたいと考えたに違いない。またこの運動の機会に、あまねく農民の中に、政権の意思を間違いなく伝えるルートあるいはシステムをつくることが必要だと考えたに違いない。「土地」という農民にとって最も関心があり、かつ全国津々浦々にまで欠けるところなく行きわたっているその存在を扱うことは、政権にとってまさに絶好の好機であり、この新たな土地分配の機会に、農民たちの中に自らの拠点をつくることが必要不可欠だと考えたのであろう。

では、河北新区の土地改革においては、実際にそうした意向がどのようにして進められたのであろうか――。またそれは、その後の政策推進にどのように利したのであろうか――。

一九四九年一〇月一〇日、中共中央華北局は河北省の保定、通県、唐山三専区*に対して土地改革を行なうよう通達した。当時、河北省は、九専区、一三二県、四市、一〇鎮、四万四二四二村からなり、人口は三二〇六万人であった。だがその大部分の地域は内戦期にすでに土地改革を完了しており、残るところが上記三専区を中心とした四四〇〇余村だったのである。そしてそれは、河北省全体からみれば一割に過ぎない小区画であったが、まさに首都北京を取り囲む一帯であり、つい先ごろまで国民党勢力の拠点でもあったところから、成立したばかりの新政権の安定のためにも、この地では早期に改革を行なう必要があると考えられたのである。

ここに始められた運動の特徴は、比較的穏やかに進められたことであった。なぜなら、すでに前年の四八年春から中央は建国後を見据えて、かつて内戦期に行なわれた激しい極左的なやり方を批判し、土地改革にかかわる運動を一旦中断させていたからである。したがって、この河北新区の運動こそがその静かな再開であり、その後に続く全国的な土地改革の試行ともなるものであった。

---

*＝行政区画の一種。一九七五年に地区と改称。現在はおおむね市となっている。

中国地図

東北
華北
西北
黒竜江省
長春
吉林省
内蒙古自治区
瀋陽
遼寧省
新疆ウイグル自治区
北京市
甘粛省
天津市
河北省
山西省
陝西省
寧夏回族自治区
山東省
青海省
華東
西安
河南省
江蘇省
安徽省
西蔵自治区
上海市
湖北省
武漢
寧波
四川省
成都
重慶市
華中
杭州
浙江省
湖南省
江西省
福建省
福州
貴州省
台湾
西南
雲南省
広西チワン族自治区
広東省
厦門
広州
華南
海南省

その過程は、まず各村を単位とした「階級区分」*からはじまり、その後は暴力行為の禁止と共に「中間不動両頭平」（中農など中間層の土地はそのままにして、両端の地主富農層と貧雇農層の間でその均等をはかる）を原則とした一連の運動がスピーディーに展開され、一九五〇年春には土地の分配まですべての過程を終えて、基本的に終了したのであった。

では、こうした河北新区の土地改革はその後の農村社会に——ひいてはこの国の体制に——何をもたらしたのであろうか。今ここに特に記しておきたいことは、その後の農村社会のあり方を大きく左右した以下の三点についてである。

第一点は、この運動が全国に伝えられ、その方式が広く参照されたことである。

---

*＝土地改革の最初の段階で村内全戸を地主、富農、中農、貧農、雇農に区分すること。この時河北新区の村でとられた方法は「三榜公布」と言われ、①村民代表会がまず階級区分を示す名簿をつくり掲示する、②これを各組で検討し、そこで得た結果を第二案として掲示する、③最後に村民大会で討論し、通過した案を本人の同意を得て公示するというものであった。また土地以外の家屋、家畜、農具などの分配も話し合われ実施された。このように穏やかに行なわれたわけは、この一帯がもともと大地主のいないところであったからでもある。

その経緯をみると、運動開始後の一一月に入ったとき、この地では各県や区において運動を進めるために「各界人民代表会議」が設けられた。これは建国直後のさまざまな条件が整っていないときゆえに、中国の議会にあたる「人民代表大会」を代行するために過渡的な形として採用されたものである。だがこのことについて、当時華北局第一書記であった薄一波《はくいっぱ》が毛沢東に宛てて報告を行なうと、毛は直ちにコメントを発し、この経験を全国の省、市、県の幹部に伝えて学習させるよう勧めた。そのため薄は自ら通県の会議に参加して土地改革工作について報告し、各レベルの幹部がこの新区土地改革の「決定」を学習すること、そのうえで村に入り、村政権や農会、婦女会を組織して運動を進めることを指示した。そしてさらにこの動向は、一九五〇年上半期にかけて、華東局、西北局にも伝えられ、各地の組織を成立させていったのである。

第二点は、その具体的な結果が、その後の農村の社会構成や経済システムに与えた影響についてである。

もともと中国の土地所有の実態は――杜潤生によれば――地主および富農が占有していた土地自体、かつて言われていたほど多いものではなく、全体の四〇～五〇％

土地改革後の状況

旧階級区分	農村内人口比	所有面積比	一人当り面積
地主	2.6％	2.2％	2.52畝
富農	5.3％	6.4％	3.8畝
中農	39.9％	44.3％	3.67畝
貧雇農	52.2％	47.1％	2.93畝

であった。そのためそれを分配しても、個々の貧雇農が得られる土地はわずかな面積であるにすぎなかった。ここに掲げる表[4]は、実際に全国の土地改革が終了したのちの段階において、農村における旧階級区分ごとに、人口比（%）、土地面積比（%）、一人当たりの平均所有面積（畝）を表したものであるが、そこからわかることは、土地がどの階級に対してもほぼ均等に分けられていること、その結果農村には貧富の差がほぼなくなっていることである。

しかもその実態は、「一人当り面積」から明らかなように、すべてが極めて過少な土地所有となった。結局土地改革の結果農村では、格差はなくなったが、皆均しく貧しくなったことが見て取れる。つまり土地改革が生み出したものは小農私有社会であったと言えるであろう。

では、その結果はどうなったのか——。

その後小さな土地の所有者となった農民たちは、何時訪れてくるとも知れぬ自然災害を怖れ、自衛のためにも備蓄を重視し、市場に対して食糧や原料となる各種農産物を出すことを抑えるようになった。その結果、たとえば一九五二年は豊作の年であったにもかかわらず、都市には食糧不足が生じた。そしてそれこそが一九五三年の「統一購入、統一販売」政策を生み、やがて集団化を進める一つの契機となったのである。

第三点は、国家と農民の関係、また基層社会のありように与えた影響についてである。この点については、以下の二つの事項について指摘しておきたい。

その一は、運動の中で、幹部の育成と農民の組織化がとりわけ重視されたことである。なぜなら土地改革とは、それまでの「不公平な土地所有」の解消という長年の問題の解決であると共に、その成果を受けて出現する膨大な数の小農民を如何に政権の基盤として掌握するか、彼らを如何にして国が求める方向に動員できるかという、新政権の今後の興亡にもかかわる基層社会形成の運動でもあったからである。そしてその成否を決めたものは、中央から末端の村に至るまでの各レベルに、運動を進めるに当たって、どれだけ中央の政策を理解したリーダーがいるかという幹部の数と質の問題でもあった。

実際のところ、この段階で幹部となるべき人的資源が——それはおおむね党員という形で求められたが——どの程度存在していたかについては、かなりの不安があったようである。そのため、当時中央から出された「通達」には、各地の運動へのさまざまな指導がしつこいほどに繰り返されていた。

・貧雇農を中核とし、中農を加えて農会あるいは農民代表会をつくることが必要だ。そこには少なくとも三分の一以上の中農を加えなければならない。
・省は村レベルの体制づくりと具体的実施方策を定めるために、幹部を派遣し、準備工作をしなければならない。その際は村の積極分子をみつけ、人々のやる気を起こさせることが大切である。
・党は工作を十分把握して、村を無政府状態にしてはならない。
・貧雇農の要求を満足させることは正しいし必要なことである。だがそれを無条件に一〇〇%行なおうとするならば、それは必ずや中農の利益を損ない、工商業を侵犯することになる。それは誤りだ。
・土地改革を行ないさえすれば、直ちに致富が可能であり二度と貧しくならないなどと考えることは幻想である。土地改革は致富への入口を開くものであるにすぎず、富裕なる生活に至るためには、専ら今後の生産への努力に俟たなければならない。（「関于新区土改決定」「関于重申正確執行土改政策中幾個具体問題的規定」）[5]

このためであろうか、そのようにして半年がたち一九五〇年春運動が終了し、全戸に対して「土地証」が出された時点でみると、この地では急速な幹部層（党勢力）の拡大がみられた。保定専区四県の例でみても、村単位の党支部は五八二（全村比四〇・〇％）から八一三（五五・九％）へと二三二支部が増加したし、党員も八一二九人から一万二七七六人へと四六四七人が増加したのであった。したがって、ここに形成された単位および幹部のネットワークは、この後の地方政治に少なからぬ影響を与えるものとなったと考えられる。[6]

その二は、中央の政策を末端まで間違いなく伝え実施していくための新たな手法が工夫され推進されたことである。それが「請示・報告制度」といわれ、河北新区の土地改革の中で、一一月一一日に「補充指示」として出されたものであった。これは、中央と村とをつなぐネットワークを形成し、そこで進行中の工作が正しく進められているかどうかを検討していくシステムであって、その後の全国的な運動にも引き継がれたものであった。

具体的に言うならば、それはまず中央が土地改革の精神と方法に基づいて実施の指令を出すところから始まった。そして当時の行政区分は六段階(中央―省―専区―県―区―村)であったところから、いずれの段階でも、順次、次のレベルから必ず幹部を集めて〝土地改革とは誰を対象にして何をするのか〟という基本的考え方を講習し、かつ彼らが本当に理解したかどうかを検査して確認したのである。それは最終的に村レベルに至るまで各段階ごとに続けられた。

他方各段階では、講習を受けた側もそこで何か疑問があったり、現実の場で予期せぬ事態が生じたりした場合には、必ず一つ上の組織に事態を報告し、どのように処理すべきか「請示」(指示をあおぐ)を行なった。たとえば各戸財産の査定を行なった際、「植わっているサツマイモはどう考えたらよいのか」とか、「農具と家具は違うのか」とか、疑問が生じた場合には一つ一つ指示を仰ぐこととされたのである。そしてその時肝心なことは、指示を求められた一つ上の組織が、一方では求めに応じて直ちに指示を行なうのだが、同時に同指示を行なった旨を自らの一つ上の組織に報告し、かつ

「この指示でよかったのでしょうか」と「請示」したのであった。

となれば、その時指示した上の組織もさらに同様に行動したはずで、それは最後の「報告と請示」が中央に達するまで続けられたのであろう。要はこの仕組みには、中央から末端に至る政策伝達の流れと、末端から中央に向けてそこでの問題をどうすればよいか提起し、指示をうけて解決していく流れとが二つながら同時に機能していたのであり、そのため各段階の上下組織の間では、相互の意思疎通をはかるために、常に「報告と請示」「請示と報告」が行なわれていたのであった。そしてこの無数の往復作業によってはじめて、中央の意思や政策がおおむね末端にまで伝えられたのである。

煎じ詰めればこれは、近代的伝達手段や方法を持たなかった時代に、広大な国家の広大な農村を対象として新国家の意思を浸透させるために工夫されたシステムであった。それが建国後最初に行なわれた小規模な土地改革運動の中で試みられ、幹部の育成手法と相まって機能していったのであった。

建国期農村における国家意思の浸透

以上の点については、後に杜潤生が往時の運動を振り返って次のように言及しているところからも、その意味が察知される。

・土地改革は（土地問題の解決と共に）末端組織を再構築し、上部と下部、中央と地方を整合的にすることを求めるものであった。それはまた、中央政府に巨大な動員力を獲得させ、政府の法令の全国的執行を可能にさせるなどの多くのメリットを得させるものであった。

・そのことは、それまでずっと〝バラバラの砂〟と蔑視されてきた農業大国にとって重要な意義をもつものであった。

（『杜潤生自述』[7]）

おそらく杜潤生は、この時、かつて黄河の堤防を歩きながら、今後の工作の重点をどこに置くかについて語り合った日のことを思い出し、建国期のこの国は「まず土地改革を進めたことで農村という片方の足から力強く踏み出したのだ」と評価したのではないだろうか。

であれば、この間、もう一方の「踏み出すべき足」であった都市は、どのような状況にあったといえるのであろうか。それを知るためには、都市の場合、少し歴史を遡ってみておかなければならない。

2　近代都市の形成と都市像

建国時、この国の人口は五億四〇〇〇万余であった。そして都市と農村の人口比は、先にも指摘したとおり「一対九」であったから、この時都市住民はおおよそ五〇〇〇万〜六〇〇〇万にすぎず、残る大多数はすべて農村住民であったということになる。中国はいわば農業大国であり、広大な国土の上に、農村社会が海原のようにひろがっていたといえるであろう。だがそうであれば一層、その広い海の中に点在していた都市がどのように形成され、どこに分布し、如何なる性格をもっていたのかについては、まず初めに明らかにしておかなければならない。なぜなら、都市の形成はそもそも産業化と並んで国の近代化を示す重要なファクターであり、その過程がどのようであったかは、まさしくその社会の歴史的性格を如実に示すものだからである。

近代都市の形成

中国は歴史が長く、その早期から都市あるいは市鎮《しちん》が各地に形成されていた。西安(長安)、北京がその代表である。だが、そうした前近代の伝統的な都市とは別に、いわゆる近代都市が誕生したのは一九世紀半ばからのことであった。そしてそれら近代諸都市はその形成過程からみていくつかの特徴をもっていた。

最大の特徴は、それが条約体制の中で誕生したということである。これは中国の特殊な事情であり、アヘン戦争に敗れて結んだ「南京条約」(一八四二年)を始まりとして、広州、福州、厦門《アモイ》、寧波《ニンポー》、上海を開き、その後結ばれたいくつかの条約によって、鎮江、九江、漢口を開き、天津を開き、沙市、重慶、杭州を開いたのである。しかもその多くの場所には「租界」(外国人居留区)がつくられ、やがて租界そのものが近代都市に発展したのであった。

もちろん、中国の近代都市=租界というわけではない。だが、それまでの伝統都市とは異なる要素によって生まれ、異なる要素によって発展した都市、つまり条約によって港を開き、そこにできた租界を中核として発展した都市が、中国における近代都市の代表的な形をなしたわけである。ここからは、中国の近代都市が近代史とまさに表裏一体をなして形成されたことをみてとることができよう。

こうして誕生した都市は、まずは租界の運営を主要な機能として発足したのだが、一旦港が開かれると、その後は外国との盛んな交易が行なわれ、内陸との物資の取引がすすみ、そこから軽工業がおこって各種工業が発展し、商業が盛んとなり、その結果人口が増加していった。上海がそうしたケースの代表なのである。実際に上海は、一九世紀末、すでに人口が一〇〇万となり、まさに多様な機能を持つ大都市となっていた。

ただし、これら諸都市の全体像を俯瞰すると、その位置および分布は、専ら東南沿海地域および長江沿江地域に集中していた。またその中では上海、広東、武漢という三市が特に大きく、三市のみで工場数が全体の六割を超えているなど地域的にも、規模の上でも偏りの相をみせていたのであった。こうした特徴は、中国近代都市の出発点が条約都市であった所以である。

二〇世紀前半の都市像

中国にとって二〇世紀前半の時代はひときわ激動の時代であった。一九一一年、辛亥革命によって清朝が滅亡してアジアで初の共和国である中華民国が誕生したが、その北京政府時代は政情が定まらず軍閥混戦のときが続いた。一九二七年、北伐の結果北京政府が倒れて南京国民政府（蔣介石政権）が成立し国家の近代化政策を進めたが、その間も国内では共産党勢力との間に抗争が続き、国外からは三一年の満州事変を契機として日本による侵攻が始まり、一九三七年七月には日中戦争が開始された。しかもこの戦争は太平洋戦争に連結しつつ八年にもおよび、一九四五年八月終焉したが、翌四六年からは国民党と共産党の内戦が始まり、それは建国の年一九四九年末まで続いた。これはまさしく激動の半世紀であったといってよいであろう。

そうした時代の中ではあったが、振り返ってみると、この間には都市の発展がみられたのであり、そこに大きく影響を与えたものは、鉄道の敷設と航運業の発達であった。鉄道は一九世紀末三七〇キロメートルであったものが、その後、二〇世紀初頭の三〇年間に三五本の主要幹線鉄道が敷かれ、その長さも一万四〇〇〇キロメートルにおよんだところから、各沿線にはいくつもの中規模の都市が生まれた。同様に、長江中流域、下流域では沿江都市が近代航運業の発達によって発展した。また、この間にはエネルギーとしての石炭の需要が高まり、その関連でいくつかの都市が興り、鉱山資源の開発に外資を含む多額の資本が投下されて鉱工業都市が生まれた。

もう一つ、この時期の際立った特徴は、東北地域において瀋陽、長春、ハルピン、大連、撫順などが急激な発展を見せたことである。これこそ、開港と、鉄道の敷設と、鉱山の開発という三つの要素の複合によって成ったものであり、そこには日本の存在が大きく関わっていた。

以上の結果、一九三〇年代半ばの状況をみるならば、人口一〇〇万以上の都市が五つ（上海、北京、天津、広東、武漢）、五〇～一〇〇万の都市が五つ（南京、成都、重慶、無錫、杭州）、そして人口五万以上の都市が一九〇を数えたのであり、そこでは国民政府の主導下で民間資本による軽工業部門の工業化がすすみ、それぞれに都市化の進展をみることができる。だがそれでも広大な西部地域には、重慶などいくつかの都市を除けば都市化はすすんでおらず、全国的にみれば不均衡発展の様相を示していたのであった。

そして、この三〇年代後半から始まる一〇余年の間が、日中戦争と国共内戦の続いたまさに戦争の時代であった。ではあるが、――というより、そのために――東北地方（満州）では、日本の巨額の投資と、鉄、石炭、セメントなどを大量に生産するための人口移入によって各都市がなおも発展を続けた。瀋陽（奉天）は人口一〇〇万の都市となり、長春（新京）は八九万となり、大連、ハルピンは七五万という人口を数えたのである。

だが、その対極で、実際に戦場となったところは、都市そのものが壊滅的な被害を受け、住民も商工業も奥地に向かって移動せざるを得なかった。また直接戦火を受けなかったところでも、経済活動は停滞し、工場は倒産し、物資の統制と共に住民の生活が著しく切迫したところが少なくなかった。特に都市の食糧不足は厳しいものがあり、地方政府は挙げて農村から容赦のない食糧の徴発を行ない、その量は年を追って増加したから農村もまた食に困窮したのである。

今ここに、日中戦争から内戦に至る十数年間の戦時下の地方社会を描いた一冊の本がある。そこには当時の過酷な状況が記されているので、その一部を拝借したい。

近頃、各地で飢饉が発生し、都市は崩壊しつつあり、農村は破産に瀕しています。にもかかわらず今年度は、食糧徴発を倍増させようとしています。そこでお尋ねしますが、上海ではアメリカ米、タイ米を食べることができるのに、四川人はサツマイモだけを食べろというのでしょうか。

（『新新新聞』一九四八年七月九日 一地方議員の発言[8]）

これは、当時、軍事的にも経済的にも国民政府を支援していたアメリカが、上海では、市民に向けて食糧援助を行なっていたが、そうした支援のない地方では、都市も農村も生活自体が破綻し困窮していたことを示すものである。

こうして、一九世紀中葉以来一〇〇年をかけて発展してきた中国の諸都市は、その位置や、発展の程度や、戦時下におかれた状況によって、それぞれに多様な相貌を示しつつ建国の時を迎えたのである。では、建国の後、そうした都市はどのようになったのであろうか――。

建国初期の都市と都市政策

先にも述べたように中国は、建国に先立って都市政策について大きな決定を行なっていた。それは、第七期二中全会（一九四九年三月）における「決議」で、「これからは都市が農村を指導する時代である。今後、党の活動の重点は都市におかれなければならない。最大限の力を尽くして都市を管理し、都市を建設していかねばならない」というものであった。しかもこの「決議」は、建国直前という決定的な時期に出されたものであり、また臨時憲法の役割を果たした「共同綱領」の基礎になったものでもあり、その後の基本的な政策や任務、活動の道筋を規定したものとして重要であった。

ではなぜこのように都市が重要視されたのであろうか。

その理由は、何よりも新政権が、都市における工業化を国の喫緊の課題としていたからである。それは、すでに東西冷戦が顕在化している世界で、社会主義陣営の一員として建国した以上、新国家の独立を維持していくためには、ソ連の援助を受けつつも、自ら都市において重工業を発展させ、国力と国防を強化していくことが必須であったからである。また極めて現実的な問題としては、前国民党政権の都市における権力基盤を制圧し、それに代わる新しい組織をつくることなしには、新政権の安定が望めないと考えたからであろう。要は、そこにある既存の商工業の性格を見分け、区分し、没収するか否かの措置をとることや、さまざまな施設の接収を行なうこと、また多様な人々の生活への手当てをすることなどが待ったなしの課題であったからである。

実際に毛沢東は、政治協商会議の報告の中で「都市で勝利を収め、都市の生産事業の回復と発展をはからなければ、われわれは権力を維持できなくなるだろう」と言い、まず初めに妓院《ぎいん》*を閉鎖し、都市の性格を「消費都市から生産都市へ」変えると表明した。またこれまでの過剰な第三次産業を、今後の人々の生活や国家建設に見合ったものにするとして、出版社や新聞社をおさえ、文化・芸術活動を改め、都市の様相を大きく変更したのであった。こうして都市の問題の解決は、建国時の国家的要請、国家的関与が強くおよぶ形で始まったのである。またこの後の都市のあり方も、一貫して政権の政策、政権の意思と不可分なものとなったのであった。

それでは、ここから何が始められたのであろうか――。

まず第一に始められたものが新国家としての都市の整備であり、第二に行なわれたものが最も緊要な課題であった都市の工業化であり、第三に同時並行的に進められたものが都市社会の改革であった。それを順次見ていこう。

初めに第一の都市整備、都市建設については、具体的な取り組みとして公共施設の修復、環境衛生の改善のための上下水道の設置、道路建設、ゴミ処理、医療施設の整備、河川修理などが行なわれた。だが、さらに差し迫った問題は住宅の手当てであったという。戦争によって家々が破壊されているうえに、周辺農村から多くの農民が流入してきており、そこにスラムを形成していたからである。この住宅問題および人々の生活空間をどうするかは、この後形成されてゆく都市の基本ユニットとしての「単位」（職場）のあり方との関連でも重要であった。

続いて第二の工業化については、首相であった周恩来が「都市建設においては分散主義を排そう」と述べたように、もっぱら国家的要請である都市工業化にむけて集中的な取り組みがなされた。特に一九五三年、中ソ間で経済援助協定が結ばれると、鉄鋼産業、金属工業、機械工業、化学工業などの工場について、新設あるいは設備の改造が行なわれ、加えてこうした分野には特別の措置として多くの労働力が投下された。だがその反面、軽工業への投資はむしろ抑えられたため、両者間の有機的な関連性が失われたままの偏った発展となり、その後に大きな影響を残した。

一九五三年、第一次五か年計画が始まると、多くの企業の国営化が図られ、大型国

＊＝妓院（遊女屋、遊郭）は、何よりも象徴的な封建制の残滓であり、女性の人格を無視するものであったところから、一九四九年北京に入城すると直ちに「暫行規定」による対応策がとられ、その後一一月になると「妓楼閉鎖に関する決議」が出されて正式に終焉した。その結果、全市で二二四軒が閉鎖され、一二八七名の女性が収容された。またこの措置は天津、南京など各地の大中都市におよんでいった。

営企業が直接中央政府の下に置かれるようになった。その理由は、限られた生産要素を、政府が必要と考える産業や企業に投下するためには、強権を以ってその序列や順序をコントロールしなければならなかったからである。もし市場の力に任せ、民間企業の自由にさせたならば、その経営者、資本家たちは、おそらく、回転が速く、より多くの利益の上がる軽工業部門をまず選択したであろうからである。こうして国有化の方向はすすみ、その後も中央政府が直接管理する企業は年々増加した。その数は、一九五三年の二八〇〇社から一九五七年には九三〇〇社となったのであり、同様に中央政府が管理分配する物資も、五三年の二六五種から五七年には五三二種に増加したのである。都市における工業分野でも、あらゆる面で国の関与が強化されたといえるであろう。

そしてもう一つ、都市における商業活動についてみると、この時期はまさしく停滞状況にあったということができる。民間商業は物資の不足と、厳しい国家統制によって衰退し、多くが国有化されていった。そして生き残りのために、さまざまな不正取引や贈賄行為が行なわれると、それはこの時澎湃《ほうはい》とおこった運動の中で摘発され、民間商店存続の余地はさらに狭まったのである。それが、第三として行なわれた都市社会改革の運動である「三反五反運動」であった。これは、建国を前後して農村社会で土地改革が行なわれたように、新国家の都市で必要とされた運動であったと考えられる。

都市における三反五反運動

「三反運動」とは、一九五一年一〇月、党、政府、学校、軍隊、国営企業など都市の公的機関において、主に幹部を対象に「汚職、浪費、官僚主義」という三つの害に反対する運動として始められたものである。他方「五反運動」は、一九五二年一月から始まり、三反運動を続ける中で見えてきた資本家や工場管理者や高級技術者の五害「贈賄、脱税、国家資材の横領、手抜き工事や材料のごまかし、経済情報の漏洩」を摘発するために起こされた運動であった。

それらの背景としては、一九五〇年に朝鮮戦争が勃発して中国が参戦したことが大きい。参戦による軍事費の増大は財政の逼迫をまねき、そこから経済統制や増産、節約の運動が求められていたのだが、そうした運動を進めようとすると、その障害となったものが、幹部や資本家による汚職、浪費、官僚主義であり、また建国直後は厳しく律せられていた規律が次第に緩んで、再び私的な利益行為が広がっている状況だったからである。そのため、この運動の中で定められた「汚職処罰条例」は、「公事に名を借りて私利をはかり、法に違反して利益を得る行為はすべて汚職罪とする」と規定し、関係する幹部、職員、工作員たちすべての行為を厳しく査定したのであった。しかもその査定は大衆運動として行なわれた。

一九五一〜五二年の北京で、実際に身近にこの運動を経験した一人の日本人がその運動の様子を詳細に語っている。

・工場の運動（三反運動）は、まず同じ職場で働いていて、お互いに相手の日常生活をよく知っている者たちを何人か組織して小組をつくり、小組会の席上で自分の作風を検討して、その中にこの三つの悪風に該当するものがあれば公表して、その発生した原因に対する自己批判を述べ、それに対する意見を仰ぐところから始められた。

・組員の中からは、お前は下請けの親父に一晩ご馳走になったではないか。その代わりに、あの親父に何をしてやったのだ、という指摘もあった。

・全工場では何十という小組が同時に小組会を開き、激しい討論が行なわれた。
・その合間合間には、その企業体の全員が参加するか、または他の企業体との合同の大会も開かれた。
・大会の席上では、全国的な運動の進展状況や上級政府の通達や指令も伝達された。
・三反運動を激励する歌曲が何種類も作られて胡同（路地）の隅々にまで流れ、各企業や単位の宣伝担当者が、自分の単位内の運動の動態を刻々と大字報（壁新聞）で報道した。
・この運動は一九五二年末まで続いたが、終わり切らないうちに五反運動が開始された。
（山本市朗『北京三十五年——中国革命の中の日本人技師』[9]）

ここからは、この時の運動が大衆運動として実施され、「三反」から出発したものの、さらには人々の人間関係や生活態度などにまでおよび、幹部批判を通して後の政治文化運動のひな型となっていったことが察せられる。

続く五反運動は、資本家たちに対するもので、①「公共資材の私有化に反対する」、

②「脱税や投機行為に反対する」、③「政府関係機関や企業の上層部から経済情報を聞き出すことをしてはならない」、④「請負工事の手抜きやごまかしをしてはならない」、⑤「当事者に対する贈賄や供応を行なってはならない」という五項目によるものであった。この結果、都市内の一現象で見れば、北京では料理屋の灯が完全に消えたということである。また厳しい運動が続く中では、建国以前からの都市有力者たちが、「五反」に関わる件はもちろんだが、その他の尊大な態度や振る舞いからも批判を集め、そうした過程を通して、都市においても人々の秩序観が変わり、権力構造の再編が進んだ。

そして何より経済活動の実際をみると、厳しい統制経済の下では、新しい国家機関や政府人員と密接な連絡をもつことなしに企業を維持することは難しくなり、特に一九五四年、公私合営推進のための計画策定会議が開かれて、今後五〇〇社に上る民間企業の合営化をはかると決定すると、資本家たちは自律的な経営を行なうことをあきらめて、多くがその方向に向かった。建国時この国は、比較的長期の新民主主義路線を目指していたのだが、こうしていくつかの運動を経ていくと、この路線の放棄が明らかとなり、生産や流通など経済の主たる部分は、政府が完全に掌握することとなった。こうして五〇年代前半の中国社会は、都市においても、政治権力の関与が直接末端にまで及ぶ社会となったのである。三反五反運動は、結果としてそうした社会をつくり出す役割を担ったのではないかと考えられる[10]。

3　農村社会の諸運動と集団化

こうして中国社会は、都市も農村も、党の指導下で人々がすべてをあげて運動を行なう社会となった。そこでもう一度農村に目を向けてみると、五〇年代初頭の農村社会で最も広範囲に行なわれた運動はといえば、それは「土地改革法」に基づいて五一年に始められた全国におよぶ土地改革運動であった。

ただしこの運動は、先にも述べたように、建国直後に行なわれた新区土地改革を継ぐものであり、目的はあくまで農村に新しい秩序をつくり、国力の回復のために、生産を高める態勢をつくることであったから、運動自体も過激な階級闘争によってではなく、富農を残し、可能な限り秩序あるやり方で行なうことが求められたのであった。たしかに、歴史の現実をみれば、その過程では地域によって極めて過激な形となったところが少なからず見られたが、それでも建国後の運動であったがゆえに、やはり定められた目的の範囲内で行なわれ、その目的の中で終了したのであった。そして何はともあれ、この運動がそれぞれの村と大多数の農民にもたらしたものは、「全村のものが一人残らず皆参加した」という共同体験と、そこで彼らの価値観が一変したことであった。得た土地は小さかったが、「農村の主人公になった」「土地を持てて本当にうれしかった」という述懐は、その後の歴史に深く関わるものとなった。

このほか、この時期の運動としては、全国的に展開された抗米援朝運動や婚姻法貫徹運動、農村で行なわれた文盲一掃運動、迷信反対運動、愛国衛生運動、一碗米一斤干菜運動、棉花増産運動、井戸掘り運動、植樹運動など多様なものがある。それらはこの国がおかれた国際環境によるものであったり、この段階で進められた政策によって顕在化してきた問題によるものであったり、あるいはこの社会が歴史を通して持ち続けてきた慣行を改めようとするものであったりして、まさしくこの時点ゆえに、新しい政権下ゆえに行なわれたものであった。しかもそれらはみな大衆運動を伴って行なわれたのであり、その過程では人々の価値観やものの見方が転換を迫られたものであったといえよう。そこで、その一例として、かつての調査村で語られた迷信反対運動と文盲一掃運動とを次にあげておくこととしたい[11]。

まず迷信反対運動に際しては、第一に村の土地廟が打ちこわされ、これまで信仰してきた「財神」（福の神）や「老母」（子授けの神）の像を取り払って川に流すことが求められた。またこれまで病気の子供を診てもらってきた「神家」（巫女）を皆で批判することが要求された。それらは、当時の農民たちにとってみれば、殊の外大きな衝撃であったとのことである。特に幹部は運動の先頭に立たねばならず、恐ろしさを我慢して神像や老母像を担いで歩き、川に放り投げたという。そのため村の幹部たちは、すでに四〇年以上もたった一九九〇年代の調査時点でも「あれは本当に怖かった。だがあれをやったことで、やっと村幹部としてのホゾをかためた」と語っていた。建国期の村の印象的な一コマである。

そしてもう一つ、文盲一掃運動が村々で特に積極的に行なわれた運動であった。ある村では、解放軍の協力もあり、「速成識字法」に基づいて一〇〇余人の老若男女が夜の二時間を使って熱心に学習し、その中からは「文化」（文字運用能力や教養）を得て、やがて郷長になった農民もでた。そしてこの運動は、全国的にみると、一九五〇年冬には農閑期を利用して冬季学校で学習した農民が二五〇〇万人余りにものぼったとのこと、五一年には通年夜学校が開かれ、ここで勉強した農民も一一〇〇万人余を数えたという。これらの運動が、当時の農村の人々の文化生活を大きく改善したものであったことは疑いない。

そのほか諸運動の中で特にこの時期に見られた顕著な傾向は、全国的に生産力の向上や生活の改善が目指されたことである。愛国棉花増産運動や井戸掘り運動が呼びかけられ、同様に水車の導入や、蠅や蚊を駆除する愛国衛生運動が行なわれた。またこうした運動の実践を通して、幹部が選別され、淘汰され、その存在を確かなものにしていく役割を果たした。

集団化のはじまり――互助組と初級合作社

一九五三年、この年から中国農村には大きな変化がみられた。都市の運動がそうであったように、新民主主義から社会主義への転換が明らかとなってきたのである。それは、六月毛沢東が発表した「過渡期の総路線」によるもので、それまでの、時間をかけて社会主義を目指すという見解を改めて、今後いくつかの「五か年計画」を行なうことによって、国家の工業化と、農業、手工業、商工業の社会主義的改造を実現す

第一次五か年計画における農工業への投資額（億元、%）

	工業	農業	運輸通信	総投資額
1953	28.3（31.3）	7.7（8.5）	10.7（11.8）	90.4
1954	38.4（38.7）	4.2（4.2）	15.0（15.1）	99.1
1955	43.0（42.8）	6.2（6.2）	17.7（17.6）	100.4
1956	68.2（43.9）	11.9（7.7）	26.1（16.8）	155.3
1957	72.4（50.5）	11.9（8.3）	20.7（14.4）	143.3
合計	250.3（42.5）	41.9（7.1）	90.2（15.3）	588.5

注）その他分野には、建築、教育、科学研究、商業、貿易、都市建設、資源探査、福利衛生等。

るという方針であった。そして実際に、この年から第一次五か年計画が開始されたが、表[12]から明らかなように、農業に比べて格段に手厚い投資によって工業生産額は大きな伸びをみせ、五六年には農工業間の総生産の比率が逆転して、基本的な初期工業化を果たした。だが、この間の国家財政への寄与において、農業がなお五割以上を占めていたことを思えば、工業への偏重はきわだっていたといってよいであろう。しかもこの工業重視、とくに重工業重視の方向はその後も続いた。

他方この時には、すでに農業の集団化が始まっていたのである。先にも述べたように、土地改革を経た農村は、まさしく戸別農家のみでは生産が難しい小農経済の場であった。そのため党中央は、五一年末「農業生産の互助合作に関する決議」を制定し、自らの土地や役畜は私有したまま、各戸の自発的意思によって相互に助け合う「互助組」を組織するよう農民たちに促していた。その結果、農繁期のみの臨時的助け合いも含めて、平均で四～五戸からなる互助組織が村全体の一割ほど成立したのである。そしてそれは特に収穫期や種まきの時、また耕作を急ぐ時に大きな助けとなり、次第にその戸数も組数も増え、一九五四年になると六～七戸からなる互助組が、全戸の半数を超えて成立したのであった。その多くは個別農家の労働力不足を解消しようとしたものであったが、県の主導によってある村で、参加各戸から提供される労働力や家畜数を点数化して互助組間のバランスをとったところ、これが評価されて参加が進んだというケースもあった。そうした中で、一九五二年には食糧や棉花の生産量がかつての水準を超えたのである。そしてこの年から全国各村では、互助組と並行して「初級合作社」の組織化が始められた。

「初級合作社」とは、互助組より大きく、ほぼ二〇～三〇戸で構成される集団化の初期形態であった。各農戸がそれぞれに持っている土地や役畜、農具や種子、飼料などを出資の形で「社」に提供し、他方集められた土地の上では統一経営として共同で働き、収穫を得たのちには、出資分と労働分を組み合わせて配分をうけるという形であった。つまり土地や役畜を多く出したものは、その分だけ多くの分配を得る仕組みである。そしてその進め方は穏歩を旨としており「一つずつ組織し、一つずつ固める」という方針であったから、全体の組織率はなお低かったものの、河北の村の例でいえば、初級社には農薬や肥料が国から給付されたこともあり、この政策の下で集団化は徐々に進んでいったのである。その故であろうか、一九五三年には、国の食糧生産は一億六三九〇万トンと建国後の最高水準に達し、農村収入も四八%増加した。調査村での農民たちも、この段階までの集団化は農民の生産意欲を高めた点で成果があり、「初級社の時はよかった」と回顧されていたのである。

ところがこの同じ年、農村の人々は食糧の買い上げと売り渡しについて大きな政策の転換に見舞われた。それが「統一購入・統一販売」政策の導入である。この政策は、一口で言えば食糧の国家管理であり、農村の余剰食糧を国の決めた価格で強制的に買い上げ、それを都市住民に配給し、そこから国が利潤を確保した仕組みであった。この目的のために、国は食糧市場を厳しく統制し、私営商人の自由な取引を禁じた。その結果農民たちは自らの生産した農産物をまったく自由にできないこととなり、これは農村社会に計り知れない影響を与えた。

ではこの政策は、なぜこの段階で取り入れられたのであろうか——。

「統一購入・統一販売」政策の導入

「統一購入・統一販売」（計画買付け、計画供給）政策がなぜ導入されたかといえば、――先にも指摘したが――それはこの国が、この年一九五三年に「過渡期の総路線」を決定し、冷戦下のこの時点で「重工業優先」という国家的戦略をとったからである。

国は、かつての自国の歴史に鑑み、国力を強化するためには軍需産業と重工業こそが必要だと考え、そのために五か年計画を導入したのであった。すると、この工業化の進展に伴い都市人口が急増し、そこに供給する食糧がより多く必要になったのである。また途上国である中国が工業、特に重工業を発展させるためには、巨額な初期資本と技術や設備の導入が必要であり、そのためには、都市においても農村においても、すべての経済活動を国のコントロール下に置き、そこからの余剰を、挙げて重工業に集中させることが必須だったのである。

そこでまず農民から食糧を低価格で買い取り、それを都市労働者に低価格で配給し、都市の工場や企業における低賃金制を可能にして利潤を確保し、それを初期資本として活用することとしたのであった。また食糧や農産物を輸出し、そこで資本を蓄積したのであった。そしてそのためには、都市では企業が国有化されることが必要であり、この動向の中で企業経営者は経営の自主権を失っていった。要は、このための政策が「統一購入・統一販売」であり、そこでこの政策について定めた「食糧の統一購入、統一販売を施行することに関する命令」（一九五三年一一月）には、以下のような項目が記されていたのである。

一、食糧を生産する農民は、国家が規定する買付け食糧の種類、買付け価格、および計画買付けの割り当て数量にしたがって余剰食糧を国家に売り渡さなければならない。

六、すべての私営の食糧商は勝手に食糧の売買をしてはならない。

九、各級政府は市場の管理を強化し、投機をとりしまるため、関係部門を組織して経常的な検査と監督を行なわなければならない[13]。

これはすなわち、農民たちがつくる一定の作物にとっては国のみが買い手であり、他には販路がないことを意味した。この時以降、農民たちにとっては、つけられた価格にたとえ不満があっても国に売るしかなく、また一旦この方向が動きだすと、それ以後は買付けの程度も一層厳しくなり、対象となる農産物もその範囲を増していった。統計をみると、一九五三年には全国で合計三九二五万トン買付けたが、翌五四年になるとさらに五〇〇〇万トン多く買付けたのである。そのため農民はこの「統一購入」に対して「底なし」と感じ、たとえ努力して増産しても、国はその分をすべて買付けてしまうので、自分たちにとって良いことは何もないと思い、国家と農民の関係が緊張した。そのうえ、地域によっては、数量のコントロールがきかず、余剰食糧のみでなく、農民の飯米の一部まで強権で買付けたところがみられた。

また買付け対象も、やればやるほど拡がって、初めは食糧のみであったものが、次には油料や棉花に拡がり、さらには麻、生糸、畜産物、水産物、木材など多品種、多品目にまで及んでいった。* そのわけは、ある地域で一年目に穀物と棉花を低価格で統一購入したところ、農民たちが翌年穀物と棉花の作付けを控えて他の作物をつくることとしたからである。そのため国は、この年、買付けをゴマやピーナツや卵にまで拡大したのであった。

こうして、国による農産物の独占と低価格での強制買付けが続くと、それは即農民たちのやる気を削ぐこととなった。農村には不満がひろがり、農作物の生産量は落ちていき、五五年には国も買付け量を抑える措置をとらねばならなくなるほどであった。だが他方、都市の人口は工業就業者の増加によって増え続けていたから、この両者の矛盾を解消するためには、これまでの統一購入体制の上に、もう一段何らかの新たな政策が求められたのである。それが規模の経済を追求する集団化の一層の進展であって、高級合作社化への移行に収斂されていったものである。これこそ中国が国を挙げて社会主義体制へと舵を切ったことを意味するものであった。

*＝これらの農産物は、安定してからの形で言うと三種に分けられた。①は食糧（麦類、米類、トウモロコシ、高粱、粟、雑穀等）棉花で、これは統一買入れの対象であり、自家消費以外は全量を政府に売らなければならない。②は豚、卵、麻、蚕、毛皮等で各農家は耕地の面積に応じて任務が決まっていて一定割合を政府に売り、残りは自由にすることができた。そして③は果物、水産物などでこれは協議買付けであった。そして一九八五年からは、②③が自由化され自由市場で自由に売ることができるようになったのである（第四章参照）。

◉第二章　社会主義体制への移行期

建国時、中央人民政府主席に就任した毛沢東は、この時から一九七六年に逝去するまでの約三〇年間、一貫してこの国の指導者であった。* その評価については、後に一九八一年六月、「建国以来の党の若干の歴史的問題に関する決議」（歴史決議）がだされ、そこで、結党以来の中国共産党の歴史と中華人民共和国の歴史が文化大革命もふくめて総括され、同時にその間の指導者毛沢東についても論及された。それが、現在に続く中国の公式見解となっている。

それは端的にいえば、文革を否定し、その誤りは毛沢東に主な責任があるとしたものであった。だが同時にそれは、建国に至る中国革命に対する毛沢東の「功績」は、文革期の「過ち」を上回るとしたものでもあった。文化大革命を過ぎてなお、「建国の父」としての評価は揺らぐことがなかったのである。

したがって、一九五〇年代という時点であってみれば、ときの政権とその指導者毛沢東の権威とカリスマ性は比類なく高かったといってよいであろう。そこで一九五五年、工業の発展のために農村、農業が如何にあるべきかが問題となり、毛沢東が農村内部の階級分化に言及して、「農村における社会主義の高まり」を直視して集団化をさらに進めるよう提唱すると、五六年全国農村では、高級合作社への移行が堰を切ったように一気に進んだ。そして、同年末には平均で九〇%という急激な高級社化が実現し、一九五七年から五八年にかけて全国でほぼその完成をみたのである。

1　農村における公有化の受入れ

高級合作社の成立

「高級合作社」とは、――平均的な形で言うと――その規模が二〇〇～三〇〇戸程

＊＝この後、一九五四年憲法制定により国家主席。五九年自然災害と飢饉の責任で辞任。だがその後も生涯中国共産党主席であり、一貫してこの国の最高指導者であった。

度で、ほぼ自然村に一致する大きさからなり、そのありようもこれまでの初級合作社とは本質的に異なる集団である。それは、第一に土地の私有が廃止されて集団所有となり、第二に経営が統一され、第三に分配が労働に対してのみ行なわれることとなったからである。要は、一つの村がまるごと一つにまとまった生産組織となり、全員がそこで共同して働き、そうした日々の働きが一人ひとり点数化されて記録され、その総合点数をもとに分配が行なわれることとなったのである。

この、土地を公有化し、土地への配当を廃止して、労働への分配のみを行なうという大きな変化が、なぜかくも速やかに全国で受入れられたのかについては、かつてから真に不思議に思われた。たしかに、建国以来これまで、相次ぐ政策を強力に進めてきた党と政府の指導力が全国スミズミにまで行きわたっていたことは理解できる。村々でも、決められた施策を進める幹部層が整ってきていたことも事実であろう。だが、あの土地改革によって、やっと念願の土地を手に入れた農民たちが、なぜむざむざとその所有権を手放したのかについては、やはり疑問とせざるを得なかった。

そこで、農村調査の機会に、その点を一人ひとりに訊ねたのである。だが、この疑問への答えはほとんど一つであった。「（土地を）出さないわけにはいかなかった」「出さないなどということがどうして出来ようか」――。

実態をみるならば、高級社への移行は決して順調であったわけではなく、各地では「緊張」（切迫した状況）と動揺と混乱がおこっていたのである。「緊張」には、自分の手を離れる土地や家畜を惜しんで、耕作放棄や、家畜の酷使や屠殺を行なう「食糧の緊張」や「飼養の緊張」、農民たちの気持ちのやりきれなさや不満による「思想の緊張」などがあったという。

農民たちの応答によれば、彼らは内心では土地も家畜も出したくはなかった。そのためいくつかの地域では、農民たちを慰撫するために、村を単位として「作価工作」（値付け作業）をおこない、土地以外の、家畜、農具、荷車、みの、ふるい、袋などには皆で話し合って値を付け、その分を徐々に支払うことで不満を和らげたという。

だがこの高級合作社への移行、すなわち公有化への移行をどうみるか、この時点でこの方向性をとったことは適切だったのか、あるいは少なくともやむを得ないものであったのかということについては、今日でも見方は一定していない。

移行を肯定する見解としては、工業化が大命題であった以上、小農経済では対応できないので、規模の経済を追求せざるを得ないとする見方、あるいは小農経済は放置すれば生産力が上がらないばかりでなく、再び両極分化しかねないから、事前に対応しておかなければならないという見方、などがある。

他方これに対して、この時点での移行を疑問視する見解には、たとえ小農経済でも外的環境条件を整えれば生産力は発展したのではないかとする見方があり、にもかかわらず集団化が行なわれたわけは、社会主義を目指す理念からきた画一的な強制だったのではないか、あるいはこの後の人民公社化も含めて展開のスピードがあまりにも速すぎたのではないかと主張する見方がある。また、背景として中ソ対立など厳しい国際環境の存在を考慮すべきだと指摘する意見もある。

こうして、この歴史の大きな転換点に対しては、今日でも評価がさまざまなのだが、そうであるならば一層、この時の政策については、それが如何なる合意の上に成ったものであったのかについて、より注意深く見ておかなければならないであろう。高級合作社への移行には、農民にとってどのような肯定的要素があったのか——と。

なぜなら、この時行なわれた高級合作社化の受入れには、政権の持つ権威と、末端にまで浸透していた強制力の存在があったからに加えて、農村、農民の側にも何らかの受入れを容認する要因があったのではないかと思われるからである。であればそれは、生活の中で少しでも安心を求めたい農民たちの心情を如実に物語っているものでなければならない。

では、それは何であったのか――。

三つの保障と公有化の受容

その第一は、丁度この一九五六年に、人民代表大会において農村の「五保制度」が制定されたことであろう。「五保」とは五つの公的保障のことで、身寄りのないもの、戦争や革命で傷ついたもの、寡婦、孤児、障碍者など社会的弱者に対して、「合作社が、食糧、衣料、燃料、教育、葬儀という五つの保障を行なう」とした制度である。土地の公有化によって、今後農民が得る報酬が労働に対する分配のみとなった以上、一家の中で労働力が失われた時の保障の有無は重要だったからである。当時の農業部長・廖《りょう》魯《ろ》言《げん》が、五保制度の導入が明らかになってから、高級合作社への入社率が高まったと述べていることがその証であると思われる。[1]

その第二は、この時「副業」が認められていたことではないだろうか。副業とは、農民が農業の傍ら行なう仕事の総称で、養豚、養鶏、果樹、野菜作り、織布、籠づくり、靴直し、縫い物、刺繍、理髪等であるが、中国農村では、歴史上長きにわたってこれが必要不可欠なものとされてきた。それは、農業のもつ季節性から農閑期の労働力を有効に活用するためであり、また生計維持のためにいささかでも現金収入の機会を得るためであった。二〇世紀前半のある村の「家計収支表」をみると、全収入の三〇％弱が副業収入なのである。[2] したがって各戸の副業が認められている限りは、農民たちも何ほどかの安心感を持っていたにちがいない。

ただし、五〇年代の集団化以降になると、副業にも二つの種類が生じて、第一が集団全体で行なう公的副業、第二が各農家による私的な戸別副業となり、互助組や初級合作社の間は私的副業も問題にはならなかったが、公有化が旗じるしの高級合作社になると、各戸が私的に行なう副業にはとかくの批判がおこったのである。以下の『人民日報』社説「農村副業を発展させよう」(一九五六年五月二四日)は、そうした状況を反映しているものと考えられる。

わが国農民が副業を行なって得た収入は、総じて彼らの収入の三分の一にもあたる。山岳地区などではその比重は五〇％以上にもなる。五億にのぼる農民のうち約一億の人は専ら副業で暮らしているといっても過言ではない。しかし昨年冬から今年の春にかけて、少なからぬ地区では副業収入が三分の一から二分の一も下落した。農民はこうした状況に対して不満を抱いている。各地は、農業と副業が対立しているというような誤った考えを克服しなければならず、一切の可能な方法を用いて停滞している副業生産を回復させなければならない。[3]

これは、社会主義公有化の中にあっても、農村における戸別副業の重要性に鑑み、集団の利益と個人の利益の関係に配慮し、あまりに硬直的な指令をしてはならないとするものである。それは副業という伝統的な方法を再確認しているもので、この点から、この年の秋には、「高級合作社の下でも収入を増やすには副業が重要である」、「副業があれば衣食は心配なく暮らせる」という趣旨の「指令」や「指示」が相次いで出された。[4] ただし副業については、この後の人民公社の時代にも、たびたび問題とされるのであり、農業経営を考える際の一つの重要な論点として注目していく必要があると思われる。

そして第三に、もう一つ農民たちにとっての安心材料であったものは、当時各戸に

「自留地」が認められていたことであった。自留地とは土地が公有化された後も、各個別農家がもっていた小さな、けれども自由に使える土地のことである。おおむね家の周辺にあって、一九五六年の「高級農業生産合作社示範章程」第一六条によって、農民一人当たり耕地面積の五％までが認められ、集団労働以外の時間を使って、自分の豚や鶏を飼ったり、野菜をつくったりすることができた。先の副業も自留地があって初めて可能になったものである。そのため、公有化の時代には、副業問題と並んで自留地の帰趨が大きな意味を持っていたのであり、農民たちは昼間の労働でどんなに疲れて帰っても、そこではよく働き、より高い付加価値を持つものを生み出していた。

以下の文は、時期的には少し後の人民公社時代のものだが、日本人観察者が見た農村の現実で、自留地のありようをよく示していると思われるところから、ここに引用する。

共同耕作地の作物は、手入れが悪い、肥料が足らない、水が足らないで実に哀れな生長ぶりですが、それに引きかえて、自分たちの家の周囲の自留地の作物は、実によく手入れが行きとどいていて青黒く光っていますよ。鶏でもそうです。人民公社の鶏は痩せこけてひょろひょろしているのに、自分たち自身で飼っている鶏は、まるまると肥ってつやつやしています。（山本市朗『北京三十五年』下[5]）

こうして、五保制度、副業、自留地の三点は、当時の農民たちにとってみれば、公有化を受入れる際の安心材料であったと考えられる。

また訪れた調査村の実例をみると、当時その一帯では周辺の六か村をあわせて大きな合作社をつくったのだが、そこで生みだされた一つの手法は、たしかに村民たちの不満を和らげたものであった。なぜならそこでは、六か村の家畜（牛、ロバ）と荷車を合わせて大きな運送の組織をつくり、それが石炭を運んで利益をあげたからである。それこそ規模のもつ有利性を利用したものといえるであろう。

この例が示すように、高級社化を急いだ考え方の基底には、規模のもつメリットを重視し、水利や農業基盤整備を積極的に進めようという目標があった。それは、皆で協力して近隣の河から水を引いたり、畑道の整備をすることでトラクターによる耕運や田おこしを可能にして、共同耕作の態勢を整えようというものであった。そうした面では現実に効果が見られたところもあったのである。[6]

しかしながら、高級合作社で採用された労働に対する分配（労働点数制）は、農村に残された収益部分の少なさから、構成員一人ひとりの分配にはほとんど差がつかず、各人が得た点数で分配しても、その結果はほとんど均分に等しいものであった。誰にとっても工夫して生産性をあげようというインセンティブが働かないものであった。そこには、農村に富を残さない統一購入、統一販売政策の影響があったのだと考えられる。農村、農民は、国の政策によって、その労働の成果をすべて都市および工業へと供出していたために、自らの生活を豊かにする契機を未だもち得ないままの日々が続いていたのであった。

ではこうして始まった公有化の時代、都市の生活はどのような状況にあったのだろうか。

2　計画経済体制下における都市の生活

「単位」社会

一九五〇年代半ばに始まる社会主義計画経済体制下の都市の生活は一つの際立った

特徴を持っていた。それは、生活のすべてがそこに依拠していたという意味で「単位」社会であったということである。

「単位」とは、一言でいえば、都市の就業者が所属していた職場、あるいは基層組織のことである。この時代には、一般に初対面であれば「あなたはどこの単位ですか」と尋ねることが普通であった。当時は自らが属する単位が各人のアイデンティティの基盤だったのである。また学生の場合は所属の学校が、主婦や無職者の場合は居住地区の街道(町内)が単位とされた。

では、なぜ「単位」が生まれたのか——。

それは、都市の工業化を考えるとき、実際の工場をどこにどう配置するか、そこで働く人々の住居をどうするかが、第一に差し迫った問題であったからである。そしてその際とられた方法が「単位システム」で、それは工場や政府機関、学校、病院、研究所などの職場を設ける際、そこで働く従業員およびその家族の生活に関わる諸施設を、同時に、総合的に、一緒に合わせて考え、一定のところにまとめて整備するというやり方であった。つまり単位は、そのようにすることによって、従業員に対して給与のみならず、彼らにとって必要な社会サービスの機能をもすべて準備し提供したのである。それが当時盛んに言われた「囲起来、動員起来」（まとめて立ち上げよう）というスローガンの意味であった。

こうして都市住民は、家族もろとも、属する単位によってすべての生活を保障されたのである。大きな単位の場合は、そこには従業員および家族のために、食堂、クリーニング、理髪、各種修理店から映画館まであり、病院から託児所、幼稚園、小中学校、養老施設まで備えられていて、日常生活のすべてのみならず、生涯のすべてがその中で完結したのである。加えて都市住民には、統一購入・統一販売政策導入の結果として、単位の中で主食や綿布などの配給キップ（「糧票」、「布票」）が配られたばかりでなく、さらに肉、魚、食用油、砂糖、塩などの副食品や、燃料、石鹼、シャツなど日常の生活物資の供給までが行なわれたのであり、いわば暮らしのすべてが過不足なくこの中で全うされたのである。この点が計画経済体制下の都市の生活が「鉄飯碗」（壊れることのない飯茶碗）といわれ、農村の「泥飯碗」（泥茶碗）と対比された所以である。

ただし、そこに住む個々人にとってみると、社会生活のあらゆる許認可もこの中で行なわれたのであって、結婚、離婚、養子縁組から旅行切符の購入まで、すべてに単位が関与したのであった。中国の伝統社会では、さまざまな決定権は一族とりわけその家長が握っていたが、ここでは単位がその権限を持つこととなったのである。その意味では、単位を離れることは大きなリスクを伴うことであり、人々は一面では窮屈だが、他にはない特権を享受できる場として、意を安んじて恩恵を受けつつここに暮らしたのであった。

そうした中、一九五六年六月、都市を中心に一つの運動がおこった。それが「双百」といわれる「百花斉放、百家争鳴」(多くの意見を表明しよう)運動であった。

「百花斉放、百家争鳴」と反右派闘争

この運動は、一九五六年五月、毛沢東が最高国務会議で共産党と民主諸党派*との「長期共存、相互監督」を提唱したことを基点として、民主諸党派の人々や知識人たちに対して、中国の現状について、率直に意見を言い批判を行なうよう求めたところから

*＝建国直前の一九四八年に開かれた人民政治協商会議に参加した党派および政治団体のこと。中国国民党革命委員会、中国民主同盟、中国民主建国会、中国民主促進会、中国農工民主党、中国致公党、九三学社、台湾民主自治同盟を指す。

始まった。

　それは、第一には来るべき社会主義建設に各方面の専門家たちの力を組み込むことが必要であったからであり、第二には折から起こったソ連におけるスターリン批判やハンガリー事件から教訓をくみとり、人々の中に鬱積する不満を受け入れてこれを適切に処理し、国内の団結をはかろうとしたからであった。また実際に党大会で出された個人崇拝への批判や、民主や法制への要求に配慮したからでもあった。そして、全国特に都市では、広く「大鳴、大放、大字報、大弁論」（自由に発言し、大いに意見を述べ、見解を書いて張り出し、活発に論争を展開する）という四大運動が奨励されたのであった。

　だがこうして起こされた言論や批判は、初めのうちこそみな慎重で、自制して、おだやかなものであったが、「言者無罪」（何を言っても罪にならない）という方針が示されると、次第に量においても多くなり、質においても激しいものとなっていった。そしてその中からは、次第に党や政権の存立基盤にまで疑問を呈するものも現れてきたのである。

　それはあくまで「現政権の承認」を前提に批判や提言を行なうよう求めた政権党サイドの考え方の枠を超えるものであった。そのため意見続出の五七年六月に入ると、

『人民日報』には社説「これはどうしたことか」が掲載され、一斉に反撃が開始された。そしてそこからは、それまでの批判者を右派分子として摘発し指弾する状況が生まれた。*これが「反右派闘争」の始まりである。その結果、学者、作家、芸術家、ジャーナリストなどを含め、右派とされたものの総数は全国でみれば五五万人を数えた。そしてこの経緯の中で、民主諸党派は決定的に力を失い、中国はほぼ完全に共産党による一党支配体制に移行したのである。

ただ、概括すれば以上のようになるこの「双百」から反右派闘争に至る一連の過程、一連の運動が、中央の動向とどのように関連しつつ、都市で如何に始まり、拡大し、かつ急転回したのか、また右派五五万人という巨大な数字がなぜあり得たのかについては、容易には理解しがたいものであろう。それほど由々しき思想闘争が、一般的な市民生活や職場の中で果たして起こりえるのか――。

そこで、当時、現実の日々を北京の一つの「単位」（北京人民機械廠）で過ごした山本市朗氏がその貴重な体験を描いているので、それを以下に記し、共に追体験してみる

＊＝九三学社の儲安平、文学者の丁玲らが批判の対象とされた。

こととしたい。[7]

山本氏によれば――北京では、運動に至る底流とも言うべき状況が五〇年代前半から見られたという。すなわち、各工場では、計画経済であるにもかかわらず、上級からの計画指標が工場の生産能力や社会的需要と必ずしもマッチせず、加えて生産途中での計画変更がしばしば起こっていた。そのわけは、現場の操業実態を知らない上級の管理部門が、ソ連方式のみをよしとして、そこに固執し、何かと変更を要求してきたからであった。

まさにそうした折、「双百」が呼びかけられたのだが、その時運動への立ち上がりを最も早く示したのはやはり学生であり、先頭にとび出したのは北京大学、清華大学の大学生たちであった。ただし彼らが提起したものは、政治上の問題というよりは、あくまで身近な大学の行政や運営、教育計画についての問題点や不満であって、それが演説会や大字報、ガリ版新聞等で伝えられていたのだという。しかも『人民日報』がそのいくつかを日々紙面に取り上げたところから、こうした身近な問題を改革しようという気運が、学生たちに止まらず、さまざまな機関や企業の工作者や就業者、そして一般の人たちへと広まっていった。しかもそこでは、内容自体が次第に身辺事情を脱して政治、行政、社会問題へと広がり深化していったのである。工場内でも、同様に「なぜ問題が起こっているのか」という現状への批判が提起されはじめ、この流れの中から、共産党や政府への批判がだされたのであって、民主諸党派が批判活動に参加してきたのもこの段階からであった。そして、毎日の新聞に共産党批判の論調があらわれてくると、党員の中でも、あるものは動揺し、あるものは脱党を考え、あるものは自身が党員であることを隠したいと思いはじめた。

そうなった一九五七年六月、「双百」運動が反右派闘争へと急転回したのである。この時点で、山本氏が所属する工場は従業員が約一五〇〇名であったというが、その中で最終的に右派分子と認定されたものは二名であったとのことである。そしてその一人の「右派」たる理由は、彼がかつて「現場の現業部門の科長や副科長にはベテランの技術屋をあてるべきである。技術的なことが何もわからない党員が、ただ革命参加の経験が長いというだけでそのポストにおさまっているから、いろいろ不合理な問題がおこるのだ。このやり方は宜しく改善すべきである」という意見を出していたからであった。だが、この至極真っ当な意見が、過熱した運動の中では摘発され、発言者が右派に認定されたのである。

総体的にみたとき、「双百」から反右派闘争にいたる運動は、本来都市でも一般的な工場など現場にはそれほど関係のないものであった。大きな影響を受け激動したのは、民主諸党派や知識人の多い大学や研究所、病院や文化機関等であったはずである。だが、いったん高まった運動は、この時の社会のさまざまな単位に右派分子を要求したのであり、これが五五万人に及ぶ右派を生み出した理由であった。* だが、このようにして中央から地方まで、多くの専門家や就業者が責任を問われ、自由な発言が難しくなり、党への批判精神が失われるようになると、五七年から五八年にかけて中国の政治は内外共に更なる急進へと向っていったのである。それが、国をあげて農業と工業の大増産政策をすすめた大躍進運動の始まりであった。

3　集団的熱狂の時代

大躍進運動と人民公社

毛沢東が進めた政治の特色が、中国伝統の「均」思想に基づく平等な社会の実現であり、格差を生む資本主義的要素を否定するところにあったことは確かであろう。しかしその経済建設政策においては、一九五六年に毛自身が「もしも生産の大発展がなければ、何を社会主義の優位性と呼ぶのか」と述べたように、経済発展こそ重要であって、人々を鼓舞し、思想を解放し、生産の大軍を組織するならば、生産力をさらに高めることができると信じていたと思われる。それがいわゆる毛沢東路線に基づく中国型社会主義の一層の追求であり、それを端的に示したものが、五八年五月の第八期二中全会において提起された「社会主義建設の総路線」であり、「大躍進運動」であり、農村社会の「人民公社化」であった。それらは「大いにやる気を起こし、高い目標をめざして、多く、速く、立派に、無駄なく、社会主義を建設しよう」をスローガンとして、全国あらゆるところで展開されたのである。

まず大躍進運動とは「一五年でイギリスに追いつき追い越せ」を目標とし、農工両面における大増産を目指した運動であって、その時期である一九五八年から六〇年にかけての三年間は、都市においてであれ、農村においてであれ、何もかもが過熱した時であった。それは、中ソ関係の悪化を背景にソ連からの自立を目指し、中国独自の

＊＝二〇年後、五〇万余の人たちの名誉回復がなされた。

社会主義建設をうたって、全国で製鉄運動、増産運動、水利建設運動、積肥運動等をくり広げたものであった。

ただしこの時は、第一次五か年計画時の重工業優先、大型企業偏重に代わって、「二本足路線」が提起され、工業と農業、中央と地方、大型企業と中小企業の同時発展が目指され、また西欧技術と共に中国伝統技術をも活用することが提唱されて、一九五八年夏からその実践が始められたのである。そこでは食糧や鉄鋼をはじめとする大生産運動が呼びかけられ、それぞれに目標とする巨大な数値が掲げられた。そして、こうした大がかりな生産や多面的な運営を可能にするため、河南省農村において、より大型の合作社が生まれたとき、毛沢東が賞賛して名付けた名称が「人民公社」であった。

人民公社とは、簡単に言えば、「政社合一」を基本的性格とし、それが生産の単位であると共に、政治行政の単位であり、同時に社会生活の単位でもあるとされた農村社会の大規模な組織である。それは三つのレベル（人民公社−生産大隊−生産隊）からなり、最もわかりやすい単位が中間の「生産大隊」でほぼ「村」と一致し、その中がいくつかの「生産隊」によって構成されていた。そして逆に、この「大隊」がいくつか集ま

人民公社の構成

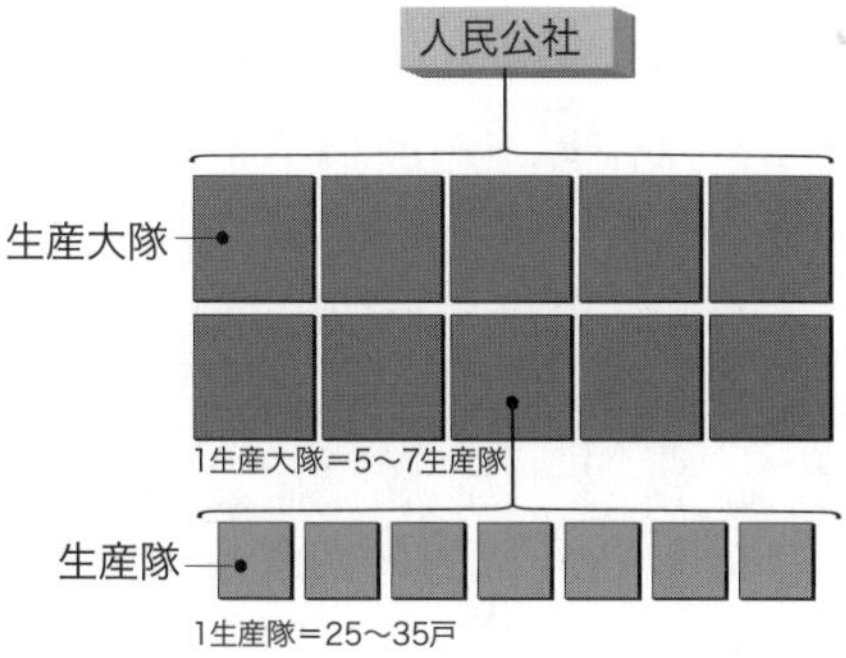

り、おおよそ「郷」の規模となったものが「人民公社」であった。それは一九五八年末時点で、全国で二万六〇〇〇余社にのぼり、そこには全農家の九九%を超える一億二〇〇〇万余戸が参加していた[8]。

その内部をみると――、まず最末端の組織である生産隊が、そこに住むすべての戸（農家）、すべての人々が必ず所属し生産活動を行なう単位であった。人々はそこで生産隊長の指揮のもとに、季節に応じ、日々の必要に応じて農作業を割り当てられ、朝から夕方まで共同で働いた。そこでは何よりも公有化が徹底され、自留地はなくなり、戸別の副業は禁止され、食事は一時期だが共同食堂でとることとされた。各人の働きは男女、年齢、仕事内容などによって決められた労働点数に換算されて記録され、その総合点数に応じて分配を受けた。また人々は大隊の中で、青年組織、婦女組織、民兵組織などに重複して所属し、政治学習、義務労働、軍事訓練などにも参加した。そしてこの人民公社こそが、この時から一九八四年までの間、この国の最大多数の人々がそこで働き、生活する場となったのである。

では、なぜ人民公社の形をとったのかといえば、それは農村に住む人々の生活を、少なくともその中で完結させ保障するためであったといえよう。都市が各「単位」の中で都市民の生活万般を保障したように、極めて不十分ではあっても、そこから決して流民を出さないために、人民公社をもって、農村の人々の衣・食・住など生活の基本を維持するしくみとしたのである。

さて、大躍進運動が始められた一九五八年夏、農民たちは製鉄運動や増産運動などさまざまな運動を行なうために、村ごとにいくつかの隊に分かれて集団で熱狂的な活動を始めた。これがいわゆる「大兵団作戦」で、工業化のテンポを一層速めようというものであり、初めのうちは、一見して気宇広大で魅力的な計画であったため、またたく間に人々のやる気を引き出した。

調査村の例でみると、農民たちはそれぞれに「黄忠隊」「五虎隊」「老虎隊」「小虎隊」

「花木蘭隊」（女性）「穆桂英隊」（中高年女性）「突撃隊」「敢死隊」などに分かれて、まさに昼夜兼行で働いた。とくに畑に作った土法高炉（小規模溶鉱炉）では、成年男子からなる「突撃隊」「敢死隊」が夜になっても家に帰らず、その場に寝泊まりして鉄をつくったとのことである。みな意気軒高として、「大地が敷き布団、満天の星空が掛け布団」などと言いつつ昼夜励んだという。これはまさしく、資金や資材の不足を人力と情熱で補ったものといってよいであろう。

しかしその結果は、粗悪な原料と、技術の不足と、不完全な炉のために、出来上がった粗鋼はほとんどが使い物にならなかった。しかもその間、製鉄運動のあおりで、農作業が人手不足となり、収穫物が放置されたままになるなど、農業にも悪影響を与えた。そして、五八年秋、熱狂の後には沈滞と意気の阻喪が訪れ、農民たちの能動性は失われて、指示を待つ姿勢のみが後に残されたのであった[9]。

またこの間、その他の村々でも労働力を惜しみなく投入して水利工事を行ない、灌漑面積を広げて農地を造成し、そこで肥料を多投したり、深耕密植という方法で沢山の種子を蒔くなどの方法が試みられたが、密植した作物は過密ゆえに実らず、収穫量は蒔いた種子分ほどにも上がらなかった。そしてその上に、さらに不幸であったことは、当時蔓延した「虚報」（虚偽報告）の影響があったことである。

「虚報」という悲劇

「虚報」とは、大躍進の熱狂が大隊間の競争を生み、その結果、各大隊が生産高について競って誇大な見込み報告をした一連の事態のことである。当時公社間、あるいは公社の下の大隊間では、上級幹部がやって来て、多くの出席者のいる会議の席上、現場の幹部たちに生産の見込み額を報告させた。すると、各大隊の代表たちはみな社会主義への熱意をみせようとして、現実を上回る誇大な報告をしたのである。そしてその結果は、現実離れした誇大な額が独り歩きし、基準となって国への納入額が決定された。それは国にとっては誤った高い生産額を認識することとなり、農民にとっては過大な負担を強いられることとなった。しかもこの国では、一九五九年から六一年にかけて各地で自然災害が続発し、その面でも食料不足となったため、両者あいまって深刻な飢餓状態が生じたのである。以下の文は、農村調査の際、当時を思い出して農民が語った虚報の実態である。

・当時大隊の幹部たちは、生産量についてしばしば虚偽の報告をした。たとえば一畝の生産量が本当は二〇〇斤から三〇〇斤なのに、彼らは上級に五〇〇斤と報告した。他の村の報告が多いのに、この村だけ多くなかったらまずいことになるからだ。すると公社は、報告された中の多い数字を根拠にして食糧の供出を要求してきた。そのため自分たちは、食べる分以外全部出してもまだ足りなかった。

・虚報が損だということはわかっていた。だがそうしなければ上級は通してくれなかったのだ。

（河北省欒城《らんじょう》県寺北柴村調査記録[10]）

こうした言葉は当時の事情をよく反映しているように思われる。なぜなら「虚報」は単に幹部たちが熱意を見せるために競ったからだけではなく、そもそも「生産計画三本帳」という仕組みがあったからである。これは一九五八年一月に出された「工作方法六〇条」（九）に示されたもので、次のようなやり方であった。

まず、中央と地方はそれぞれに生産計画を二種類つくる。第一は完全に遂行しなければならない計画で、第二は望ましい計画である。だが、地方の第一の計画は、中央の第二の計画と数値が同じでなければならない。したがって両者の計画は併せて都合三本なのである。そしてこれは、下は常に上のレベルの「望ましい生産計画」を達成しなければならない義務を負うということに他ならない。そのため末端の現場では、上級の望む額を達成するべく、紅旗競争*という形で互いを競わせ、現実からかけ離れた額を望ましい額として報告させたうえで、それを基準にして納入すべき額を決めたのである。その結果、農民たちは、自分たちの食べる分を削ってまでして、それを供出しなければならなかった。煎じ詰めれば、当時のこうした人民公社の体制は、上から下への統合のシステムとしてはよく機能したが、下の意向や実情は上に通じないものであった。そして、こうしたシステムの社会をこのままに固定したものが一九五八年に定められた戸籍制度であった。

4　固定化された二つの社会

戸籍制度の導入

戸籍制度とは「戸」を単位として国民を把握するシステムである。現代中国におけるその始まりは、一九五〇年七月制定の「都市戸籍管理暫定条例」であったが、これはあくまで都市の治安のために住民を把握することが目的であって、移動の自由を何ら制限するものではなかった。そのゆえに一九五四年制定の「中華人民共和国憲法」には、第九〇条において「中華人民共和国公民は居住と移転の自由を有する」と定められていた。

ところが、この国の戸籍制度は、ある段階から急に他に類例をみない独特な制度へと変更され、その目的が戸籍を管理することによって人口移動、とりわけ農村から都市への人の移動を極力抑えることになったのである。換言すれば、それは都市人口を必要最小限にとどめ、農民をあくまで農村に固定化するための行政的手段となった。

では、それはなぜなのか。なぜこのような制度が必要とされたのであろうか――。

それは、すでにたびたび言及したように、建国期のこの国が、何よりも工業化を重視し、重工業部門の発展を課題としていたからである。その結果国の意思として都市

＊＝よく働き成果をあげたものに「紅旗」を与えるやり方で、大変名誉なことではあったが辛いことであった。

と農村を峻別し、それぞれに異なる役割を課すこととしたからであった。

まず都市は、工業部門が立地するところであり、そこで働く労働者らが居住するところであった。したがってそこでは、彼らの生活に必要な食糧など諸物資は無条件で供給されなければならず、事実国はそうした環境整備に努めてきた。その結果、都市の生活は農村の生活に比べれば遥かに恵まれたものとなったのである。統計によれば、五〇年代半ば時点の都市と農村の一人当たり収入の格差はほぼ二倍を超えていたとされる。またこうした収入格差に加えて、都市民にはさらに「六大利点」といわれる①家族手当、②医療費の半額免除、③生活保護、④低廉な家賃、⑤低い水道代と電気代、⑥就職、進学上の便宜があった。[11] そのため農民たちが、可能ならば都市へ行って暮らしたいと願ったことは至極当然なことであろう。実際、移動が法的に禁じられていなかった五〇年代半ばまでは、農村からの流入によって都市の人口は年々増加していた。建国時五〇〇〇～六〇〇〇万であった都市人口は、一九五七年には九九四九万人を数えたのであり、この数は都市内の自然増を差し引いても、おおよそ二〇〇〇万人ほどが農村から流入したことになる。

だがこの事態を認め続けることは、国にとってみれば負担の増大を意味した。都市住民が増えることは、仕事を与え、食糧、住居、各種利点などの生活を保障する経費が増えることであり、もしそれが叶わず、流入者を失業のままに放置すれば、そこには治安の問題が生じるからである。同時にこの趨勢を続けることは、農村の働き手を失うことであり、農業生産の弱体化を認めることでもあった。そのため政府は、一九五六年一二月から五七年一二月の一年間に、人口移動に関する九つの指示や通達を発した。その一つ「農村人口の流出抑制に関する指示」は具体的かつ極めて厳しいもので、以下の諸点を定めていたのである。[12] ①流動制限について扱う専門機関を設けること、②鉄道や交通機関は人々の移動についてチェックすること、③都市に流入した農民は農村へ送り返すこと、④公安機関は戸籍管理を厳しく行い、農民に対して都市の戸籍を与えないこと、⑤都市戸籍を持たない者には食糧を供給してはならないこと、⑥都市の企業は勝手に労働者を募集してはならないこと、である。これらの諸点、とりわけ⑤項からは、都市戸籍を持たない限り、長期にわたって都市に住むことは誰にとっても不可能であったことがわかるであろう。こうした経緯の上に、一九五八年一月九日「戸口登記条例」(二四条) が公布されたのである。

戸口登記条例

「戸口登記条例」第一条は、その目的として「社会秩序を維持し、公民の権利と利益を保護し、社会主義建設に資するために本条例を制定する」と記している。だがその真意は、まさしく都市社会の秩序維持であり、農村からの流入を阻止することであった。そしてその際の方法が、第二条「すべての公民は必ず戸口登記を行なう」ことであった。つまり全国すべての人々が戸口登記を行なうのだが、その結果都市に住み、都市で戸口登記を行ない、都市戸籍を持つと確認された者のみが食糧の供給など優遇措置を受けることができるのであって、その他の者すなわち農村戸籍を持つ者は、都市で生きていくことができない仕組みとなったのである。

その上に、さらに続いて同条例第一〇条第二項は次のように定めていた。「公民が農村から都市へ移転する場合には、必ず都市労働部門の採用証明書、学校の入学証明書、あるいは都市戸口登記機関の転入許可証を持参して常住地の戸口登記機関に申請して移転手続きを行なわなければならない」。そしてこの登記業務は「各級の公安機関が主管する」（第三条）と定めていたのである。

以上の管理体制によって、農民はこののち都市に出て都市住民となることが極めて難しくなった。やはり農村における所定の組織で働き、そこで食糧を得る以外、ほぼ生きていく途がなくなったのである。それは誰にとっても最も切実である食の問題が、既に「統一購入・統一販売」政策が運用されていることで、都市戸籍を持つ者にのみ「居民購糧証」と「食糧キップ」が配布されるという食糧の国家管理体制が完結していたからである。

そして、このようにして戸籍に都市戸籍と農村戸籍という二種類があり、その間に優劣の差が生じ、かつその間の変更が困難であったところから、同制度の導入以降、二つの戸籍自体があたかも越えがたい身分のように機能しはじめたのである。しかも、戸籍には継承性があり、生まれた子供の取り扱いについても、次第に子は母親の戸籍を受け継ぐという解釈が定着していった。そのため、農村女性が都市の男性と結婚することには極めて難しい状況が生まれたのである。

このように辿ってみると、戸籍問題からのみ見ても、農民は農村戸籍であることによって都市への移住権を持ち得ず、結果として党や政府機関に就業できず、国有企業で働くことができず、加えて都市民のような広範な社会保障の恩恵に浴せず、全体社会の中で弱勢化したまま生涯を農村で暮らすこととなったのである。このような制約は世界でも類のないものであったと考えられる。

5　自然災害と食糧難のとき

もう一つ、この時期、農村には大きな問題が生じていた。一九五九年から約三年間、中国では全国的に大雨、大風、洪水、雹、干害、蝗害《こうがい》などの自然災害が多発していたのである。そのため大躍進運動以来の農業不振に加えて、こうした自然災害の影響は大きく、穀物の生産量をみる限り五九年には一五％減、六〇年にはさらに一〇％減となり、都市および農村の一人当たり食糧消費量は約二〇％も減少した。北京では、五九年初頭から食糧物資の異常な不足に見舞われ、工場の職員や労働者が「主食物の不足のため空腹で仕事ができない」と訴えるほどであった。[13]天津でも、野菜などを積んだ荷車が八百屋の前に停まると、人々はソレッと駆け付け長い行列をつくった。だが野菜は何とか買えても、食用油が手に入らないため、お菜は油っ気がなく、これも身体にこたえたという。そしてこうした期間が続くと、人々は多くが栄養失調となり、浮腫み、倦怠感、めまいに悩まされ、肝炎も蔓延したとのことである。[14]街では行き倒れも見られた。*

　そして、その状況は農村も同様であり、至るところ深刻な飢餓状況に見舞われたのである。そうした実情は、実際の経験によってのみ語り得るものであろうことから、以下には、農村調査の記録から身をもって体験した人々の応答をいくつか取り上げる。そこには当時の彼らの対外関係の時代認識も示されている。

*＝今、一九九〇年に行なわれた人口センサスによる人口構成図をみると、中央に大きくくびれた部分があり、それがこの時の災害の大きさと出生した子供の少なさを示している。

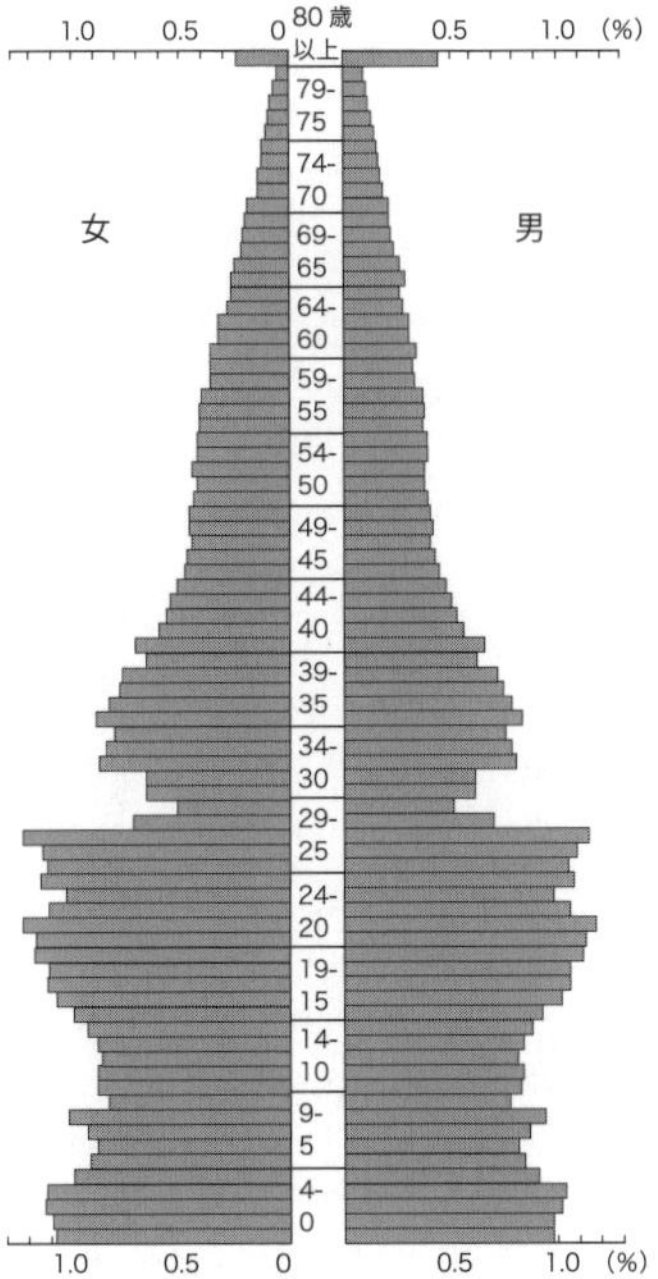

・一九六〇年当時、食糧と棉花は全部県にもっていかれてしまい、村には食糧がなくなっていた。食堂では、干し芋とサツマイモを食べて過ごした。村では三〇人以上が亡くなった。

・生活は苦しかった。初めはトウモロコシの粥をすすり野草を食べていたが、後には楡《にれ》の葉も全部食べつくし、槐《えんじゅ》の葉を食べるしかなかった。その原因は、ソ連からの債務を返さなければならず、そのために大隊の食糧がすべて上納されてしまったからである。

（「河北省欒城県寺北柴村調査記録[15]」）

・困難時には「三熟麵」を食べた。これはトウモロコシを粉にして糊状にし、それを捏ねて蒸し、再び砕いて野菜を入れて蒸して食べるのだが、とても食べにくいものだった。これを昼に食べ、朝夕は粥をすすった。

（「北京市順義県沙井村調査記録[16]」）

・一九五九年は水害の年だった。辺り一面水浸しになって畑に出ることもできなかった。食糧は不足でトウモロコシと野草を混ぜて食べた。国が救済糧を出してくれた時はこれを配給した。それはトウモロコシと少しの小麦だった。

（「山東省平原県後夏寨村調査記録[17]」）

この状況は、一面では自然災害に起因する不幸な事態の発生であったが、同時にそれは先にみた通り大躍進運動の過程で増幅されたものであり、半分は人災であったことも否定できない。そのため、この深刻な事態に対しては、五九年四月毛沢東が国家主席を辞任し、劉少奇が後を継いだ。* そして政権内部においても各地方においても、さまざまな意見や対応策の提言が相次いで成された。その代表例が廬山会議における国防相彭徳懐《ほうとくかい》の問題提起である。

廬山会議

廬山会議とは、一九五九年七月〜八月にかけて、江西省北部の地廬山** で開かれた中国共産党中央政治局拡大会議のことである。同会議では、折しも進行中であった大躍

---

*＝国家主席は辞任したが、中国共産党主席であることには変わりなく強い権威を保持していた。また一説では、国家主席の辞任も毛自身の既定方針であって「引責」ではないとされている。

**＝廬山は江西省北部に位置し東は鄱陽湖に接し北は長江を望む名勝。

進運動について毛沢東が総括を行ない、大躍進は問題もあるが成果もあり前途には光明があると述べた。すると会議に出席していた副首相兼国防相の彭徳懐が毛に宛てて自らの考えを記した書信を送ったのである。

そこには運動の中で往々見られた農業工業間のバランスの欠如や、物事を誇大化して報告する風潮や、正確さを欠く熱狂性への批判がつづられ、食糧不足など現今の厳しい現実を直視して、これまでの政策を転換するよう求めていた。すると毛沢東は、この手紙に「彭徳懐同志的意見書」* と標題を付けて印刷し、これを廬山会議文件として会議の席に配布したのである。そのため彭徳懐は意に反して自己批判を余儀なくされた。しかも続く八月、第八期八中全会が開かれると、毛は彭徳懐を「右翼日和見主義者」と批判し、彭徳懐およびその支持者たち、総参謀長黄克誠《こうこくせい》、湖南省第一書記周《しゅう》小舟《しょうしゅう》等をその職から解任した。** 同時に大躍進路線を継続すると改めて決定したのである。

調整政策に向けて

他方、こうした中央の動向とは別に、各地では大躍進運動のもたらした惨禍に対して、自己防衛のために、身近なところから政策的なところまでさまざまな生活を守る「対応」がなされた。それらの事例をあげれば、代表的なものは、①「瞞産私分」という生産量を隠して、それを秘かに分配する方法、②「自留地」を復活させ、その拡大を計る方法、③「包産到戸」（農家生産請負制）を採用し、一部の土地で戸別経営を行なう方法等であった。特に③の戸別農家への請負制は、全国各地でさまざまな形で行なわれたのであり、湖南では冬季休耕地の一部を貸し出す形で、河南では全体の二〇％を無償で貸し出す形で試みられ、山西や江蘇もこれに次いだ。そしてこうした情勢に対し、中共中央自体が五九年五月には、養豚について公養私養を共に認めるとし、さらに六月には以下のような四点を定めた「指示」を発出したのであった。

一．社員に家畜家禽を私的に飼うことを認め、集団労働を妨げない範囲で毎月三

*＝「意見」には一般的な意見という意味もあるが、中国語の場合は往々「異論」「不満」を意味していることが多い。

**＝この結果、後任として林彪が国防相に、羅瑞卿《らずいけい》が総参謀長に就任した。

～五日の休暇を与える。家庭で食事する場合は毎日二～三時間の時間を女性に与える。二．自留地制度を回復し、五％を超えない範囲で希望者にこれを与える。土地の転売、賃貸はしてはならないが、そこで採れたものは自由に使ってよい。三．家の傍ら、村の隅、水辺、路傍などの零細な土地の利用を進め、そこでの作物は自由にしてよい。四．敷地内の竹木果樹は各戸の自由にしてよい。以上四点については「布告」の形で農民たちに公布し実行すること。この種の集団の中の「小私有」は長期間必要なものであり、生産の発展、人民の生活の安定に有利なものである。こうした「小私有」は、社員による集団労働時間以外の労働の果実を保護するものであり、決して「資本主義を発展させる」ものではない。

（「中共中央関于社員私養家禽家畜和自留地等四個問題的指示[18]」要旨）

そして、一九六〇年になると、請負制をとりいれた各地では、食糧生産が増加して請負った責任生産量を達成したばかりでなく備蓄も可能になったなどの実例が報告され、この趨勢《すうせい》は一層進んだ。そして政治の場でもこの実態が認識され、経済再建をはかろうとする方向が劉少奇、鄧小平《とうしょうへい》らによってうち出された。だが他方国際関係の面では、この年、中ソ関係の悪化から、ソ連による援助打ち切りと技術者の引き上げが行なわれて、中国経済は大きな打撃を受けた。こうしてこの国は、内外からのさまざまな局面に対処するため、何らかの「調整政策」をとることを迫られたのである。

人民公社と文化大革命の時代

一九六五年夏、北京の国営マーケットでは、トマトの値段が一キロ二銭で小麦粉は一キロ三八銭であった、と陳凱歌《ちんがいか》は書いている。陳凱歌は、現在も中国映画界を代表する監督だが、彼は一九五二年生まれなので、この時一三歳、丁度北京の名門中学に合格し、その祝いに母親から一〇元の白いバスケットシューズを買ってもらったのである。そして彼は、後に自身の中学時代に始まる鮮烈な体験を書き記し、『私の紅衛兵時代』と題して出版したので、その中に少年時代の夏の合格という嬉しい記憶が、なぜかトマトの値段と共に書き留められているのである。しかもそこには、さらに次のような一文が書き加えられていた。

この時代に、どの子供もそんな靴を買ってもらえるわけではないことを、私は知っていた。[*] 恐らく中国の農民がトマト代の二銭や小麦粉代の三八銭を国家から受け取るとき、彼らが大喜びだったはずはない。熟れたトマトは、少なくとも四か月の労働を意味している。農民たちの収入がどれほどだったか、そこからでもうかがえるだろう。

（陳凱歌『私の紅衛兵時代――ある映画監督の青春』[1]）

この引用は、同書の「第一章、天国――北京の思い出」の一節であるが、ここからはあの大躍進に続く厳しい食糧難が一九六〇年代前半に克服されて、上記六五年、都市には恵まれた生活が戻ってきたこと、だが他方農村では、なおも統一購入・統一販売が行なわれていて、農産物の価格が安く抑えられていたことが察せられる。そこで本章では、陳凱歌の示唆を受けて、こうした六〇年代の中国社会の動向からみていくこととする。

＊＝陳凱歌によれば、当時は八元あれば職場や学校の食堂でたっぷり一か月は食べることができたし、月収三〇元あれば裕福な家だったという。

1　調整政策のはじまり

調整政策とは、大躍進と自然災害がもたらした深刻な食糧不足から一日も早く脱して、農業生産を再び軌道にのせ、全国の経済を回復させるために一九六一年からとられた政策である。その基本を明示したものが六一年一月の第八期九中全会の「公報」であった。

第八期九中全会は、農業生産が連続で二年間厳しい自然災害に見舞われたことに鑑み、今年は全国が必ずや力を集中して農業戦線を強化し、国民経済が農業をもって基礎とし、全党全民があげて農業に励み、食糧生産を大いに行なう方針を貫徹実行するように、そして各分野がみな農業に対する支援を強化し、農業生産でよい収穫が得られるよう最大限努力するようにと考えている。

（「中国共産党第八期中央委員会第九次全体会議公報」[2]）

同公報は、続けて軽工業部門についても、同じく自然災害によって生じた原料不足を克服し、生産を増強し、人々の生活を可能な限り保障することが求められる、としており、また重工業部門についても、五八年以来の第二次五か年計画で得た成果をふまえて、これを充実強化させること、さらに引き続き技術革新運動を展開し、原材料を節約し、コストを下げ、労働の生産性を引き上げるようにしなければならない、としているのである。

こうして緒に就いた調整政策は、第一には上記農業を基礎とする方針（農業基礎論）に基づいて農村から始められ、まずは農民の生活に配慮し、農業を支援する方向に向かって多くの施策が進められた。

具体的にみるならば、六一年六月に出された「農村人民公社工作条例（修正草案）」（「農業六〇条」）は、全体で六〇条という多くの項目からなり、新たな調整政策の時代に対応すべく、極めて詳細に人民公社のありように言及している。一点例をあげれば、そこには第六章として「社員の家庭副業」という章が設けられ、「人民公社社員の家庭副業は社会主義経済の必要な補充部分である」とされて、条文には自留地を使って行なうさまざまな副業が提示され、そうした「社員の家庭副業の生産品および収入はすべて社員の所有に帰す」と定められているのである。そしてこのような趨勢は六二年にも同様に続き、農村に関してみれば、農業税の引き下げ(二九%)、穀物買い入れ価格の引き上げ(二五%)、貸付金の増額、化学肥料の輸入、公社および大隊の規模の縮小、基本採算単位の生産隊への変更、権限の移譲、自由市場の復活、そして農家生産請負制(包産到戸)の採用などを内容とする政策が着々と実施された。*とくに生産請負制については、安徽《あんき》省、広西省で盛んに行なわれたのだが、それは、両省の幹部がこの方式を「よし」として「黒猫でも黄猫でもネズミをとるのがよい猫だ」と言っていることを鄧小平が聞き、「道理がある」と認めて、「黒猫でも白猫でもネズミをとるのがよい猫だ」と公言したからだという。要はこの時の政策の中心が、どのような方法をとってでも農民のやる気を起こさせて農業を立て直すことであった、ということであろう。その結果、一九六一年に一人当たり一五九キロまで減少していた穀物生産が次第に回復の軌道に乗ったのである。**

そうした中一九六二年一月、拡大中央工作会議(七千人大会)が開かれた。この会議の課題は大躍進以来三年間の情勢を総括し、そこから如何なる教訓を汲みとるかであった。その席上、国家主席の劉少奇は、これまでの困難の原因は「天災三分、人災七分」であったと総括し、「このような状態をこれ以上続けることは許されない」として政策の転換を強く求めた。[3] またこの時には毛沢東自身も「ここ数年の工作中の欠点や誤りは、第一に中央が責任を負うものであり、中央では私が真っ先に責任を負うべきものである。」と自己批判を述べたのであった。[4]

このような時代背景によって、翌二月には、経済の再建を重視する陳雲《ちんうん》（党中央財経小組長）が、「当面の第一の問題は、（鉄鋼や石炭もさることながら）まず農業生産を増加させ、食べることと着ることの問題を解決し、市場供給を保証し、インフレを止めることで

＊＝これらの政策は、「大規模化」「公有化」「平均主義」を以ってすすめられてきた人民公社体制の見直しであり、なかでも包産到戸（農家生産請負制）が許容されたことは大きい。「包」とは「請負う」という意味であり、各農家が土地を請負って生産を行ない、収穫後は国や集団へ一定の供出を行なえば、残りは農家の取り分となる形である。これは農家に歓迎され、正式に国の政策となる改革開放期以前にも折に触れ各地で試みられた。したがってこの問題については本章末尾および第四章でも詳述する。

＊＊＝一九六五年一八三キロ。それでもなお建国後の一九五二年に一九八キロであったところには至っていない。

ある」と言い、さらに五月になると中央農村工作部部長であった鄧子恢《とうしかい》が、農業の増産のためとして以下のような意見を述べたのである。

「農業六〇条」以来、各地の社員が経営する自留地、家禽や家畜の飼育、その他の家庭副業の積極性は着実に戻ってきており、その成績はめざましく、生産の効果もまた非常に大きくなっている。このことは、農業生産力が人や家畜の力に頼っている段階では、こうした「小自由」や「小所有」が農民の労働意欲と責任感を発揮させるのに最も役立つことを示している。個人生産の危険は、（資本主義制度のなかで）そこから搾取が生まれ、階級分化が生まれるところにある。…もし政権が我々の手にあり、国民経済の根幹が全人民所有制であるならば、こうした「小自由」や「小所有」には長所のみで短所はない。

（鄧子恢「関於当前農村人民公社若干政策問題的意見[5]」）

この段階になると、政府内の指導体制はこのような劉少奇、鄧小平を中心とした経済中心の現実路線重視の方針が力を得てきたのであった。そして、調整政策にはもう一つ別の側面があったことも忘れてはならない。それは政治の分野で見られた動きであり、七千人大会以後行なわれたもので、かつて「右派」と目された人々への名誉回復であった。「右派」とは、前章で述べたことだが、主に「双百」（百花斉放、百家争鳴）運動の中で政権に対して率直に意見を言い批判を呈した知識人たちに対して、非難してつけられた呼び名である。そして、この時彼らに対して展開された反右派闘争の激しさは、結局その後の社会において政権への批判精神を奪い、自由な発言を封じ、やがて大躍進運動という急進的な運動をもたらしたものであった。

さて、調整政策の時代に入ると、新しい政権指導部によって、彼らから「右派」というレッテルを取り去り、その待遇を改善しようという動きが起こった。その代表的なものが、周恩来（首相）による政府工作報告「国内形勢と我々の任務」あるいは「知識分子問題を論ず」で、周恩来は、かつての誤った知識人批判は撤回しなければならず、我々は一切の愛国的な知識分子と団結していかなければならない、としたのである[6]。この動向も融和的な調整政策であったといってよいであろう。

だがしかし、こうして政治、経済両面にわたって進められた新しい動向は、中国型社会主義を推進してきた毛沢東にとって、修正主義とも資本主義復活の危機とも意識されるものであった。また政策推進の方法についても、劉少奇らは中央による統合的な実施を主張したが、毛沢東はそうした官僚主義的なあり方はよくないとして、大衆の意見の発動を重視しようとした。

こうして、調整政策を契機に両者の意見の異なりが次第に顕在化してきたのである。そして毛沢東を中心に起こされたものが社会主義教育運動であり、農村における「四清運動」であった。

2　社会主義教育運動と四清運動

一九六三年、社会主義教育運動が発動された。これは農村では「四清運動」とされ、政治、経済、組織、思想の四項を清めること、具体的には各生産大隊（村）や生産隊で、帳簿、倉庫、財務、労働点数の四点について誤りや不正がないよう点検すること、として推進されたものである。これらは、ともすれば調整政策の中で緩みが生じ、特に幹部層の中に恣意的な行為が見られるようになったことへの危機感から毛沢東が提起したものであった。

毛は、一九六二年の第八期十中全会において社会主義教育運動の必要性を力説し、どのような社会にも容易に「階級」が生じるものだ、したがって階級闘争を忘れてはならないとしたのである。そのうえで「小自由」「小所有」を肯定してきた鄧子恢を農村工作部長の職から解任した。それは、折しも中国との対立が激化してきたソ連邦が、社会主義国家でありながら修正主義へと変質しているとみた危機感に通底するものであった。

四清運動

さて、農村における「四清運動」は、おおむね二度行なわれ、一度目を「小四清」、二度目を「大四清」と呼ぶ。それは上記「四清」の具体的な内容から判るように、煎じ詰めれば村（生産大隊）を単位とした幹部批判の運動で、*大隊の会計処理が幹部によっ

＊＝村の幹部とは、村の行政と生産の責任者で、一般に支部書記、大隊長（のち村長）、会計、民兵隊長（のち治保主任）、婦女主任（以上大隊規模）、そして生産隊長などを指すが、ここでの批判の対象となったものは主として前三者であった。

て公正に行なわれ、帳簿がきちんと記載されているかどうか、倉庫の物資が幹部により適切に管理されているかどうか、村の運営において幹部が特権を利用して利益を得ているのではないか、労働点数は幹部によって正しくつけられ分配にきちんと反映されているのかどうか、などの点を審査し正そうとしたものであった。

後に一九九〇年代になっていくつかの村を訪問した際、当時の実際の状況を聞いてみると、小四清は上級組織から数人がやって来て短期間で検査を終えたというが、大四清は、一九六四年あるいは六五年の冬から始まり、省や県あるいは他の公社から二〇人を超える工作隊がやってきて、そのまま村に住みこみ、春まで大衆工作と個別審査の運動を続けたという。そして専ら審査の対象とされた生産大隊や生産隊の幹部たちは、「いったん始まると、どうしても舞台から引っ込むことができず、何度も何度も査問されて苦しかった」と当時を思い返して述べたのである。

ではそれは、どのように行なわれたのであろうか――。調査村で聞いた状況を一部だが記してみよう。

・冬になって農閑期に入ると工作隊が村にやってきた。彼らは大隊幹部に対して一人ひとり調査をすると共に、村内に「清帳組」を組織して労働点数や会計の帳簿を調べた。同時に五、六人ずつに分かれて各生産隊を担当し、同様の調査を行なった。それぞれの幹部は「自己検査書」を書かせられた。

・一定の調査が進行すると、村では工作隊によって全村の大衆大会が開かれた。そこではすべての幹部が前に立たせられ、主に汚職、浪費について自己批判をさせられた。その内容は、幹部同士で食事をしたこと、上級の接待をしたこと、その際食糧や金銭を浪費したことなどについてであった。そして幹部が明らかにしないと、村民からの告発や、設けられていた「意見箱」の意見が明らかにされた。

・全体像が明らかになると、厳しい弁償と返還が求められた。たとえわずかでも、一回の食事でも、弁償させられたのであり、金がなくて豚で弁償したものや、庭の木を掘って返した者もいた。ある会計は「決して汚職ではなかった」と言いつつも、それは「飲み食いした金」だったので、一回につき一元、六〇回の食事で六〇元とされ、荷車一台、棉花二〇斤と現金二〇元で支払ったと述べた。またある大隊長は三〇〇〇斤の小麦と一〇〇〇元を返したと言い、中には家屋の一部で返したというものもいた。

・四清運動の間、工作隊は皆を集めて昼は井戸掘りを指導したり、夜は党の文献や「老三篇」*の学習を行なったりした。学習のテーマは、よい幹部とは何かというものであったり、なぜ階級区分をするのかということであったりさまざまであった。そしてその間には、再度階級区分の見直し（階級再議）が行なわれ、中農から下中農に変更されたものもいた。

（山東省平原県後夏寨村調査記録[7]）

こうして四清運動は、翌年春まで続けられたのだが、これは村に住む人々にとって衝撃であり、一つの転機であったといえるであろう。それはこの運動が、幹部という特定層の批判であったとはいえ、人民公社という農村に住む者全員が所属する生産組織のただ中で、学習や集会を繰り返したことによって人々の政治意識を強く喚起したからである。それは次にやってくる文化大革命の政治思潮を受け入れる素地を準備したものでもあった。そしてもう一点、振り返ってこの運動の背景をみると、そこにはまさしく中央における二つの路線の反映があった。

では、二つの路線とは何であったのか――。

背景としての二つの路線

その一つは、すでに記したように現実的な経済重視の調整政策を進めようとする劉少奇・鄧小平の路線、他の一つは、その路線、とりわけ農家生産請負制の普及に対して強い危機感を抱いた毛沢東の主張する路線であった。この段階では、まさにこの二路線が入り混じって展開されてきたのである。

その象徴的な事態が、同じ一九六三年に相次いで出された二つの「決定」であった。その一は「当面の農村工作における若干の問題に関する決定(草案)」(一九六三年五月)で、一般に「前十条」といわれ、これは農村には現在もなお階級矛盾があり、したがって階級闘争を忘れてはならない、党の政策を忘れてはならない、「四清」の運動を進めなければならない、と明記したもので、毛沢東の主張を反映したものであった。[8] これに対してその二が、劉少奇・鄧小平ら、この時の党中央の意見ともいうべきもので、「農

---

*=「老三篇」とは、毛沢東の書いた最もよく知られる三編の総称。「ベチューンを記念する」「人民に奉仕する」「愚公山を移す」を指す。それぞれ、国際主義、人民大衆への献身、不撓不屈の精神を説いたもので、「老」とは「なじみの」という意味である。

村社会主義教育運動中のいくつかの具体的政策に関する決定(草案)」(一九六三年九月)であり、「後十条」といわれ、問題をあくまで幹部の誤りの是正に限定し、生産を阻害せず、政治的混乱の拡大を避けようとしたものであった。[9] この年は、まさしくこうした二つの路線のせめぎあいの年だったのである。

また、より広く社会全体を見渡してみると、そこには中央の動向のみでも、さらにいくつかの分野で同様の路線対立があったことがわかる。その一が文芸、学術の分野における対立で、結果として羅爾綱《らじこう》(歴史学者)、茅盾《ぼうじゅん》(作家)、夏衍《かえん》(劇作家)、周揚《しゅうよう》(文化官僚)らが批判を受けて失脚した。京劇の分野でもその現代化をめぐって、江青《こうせい》(毛沢東夫人)と彭真《ほうしん》(北京市長)の間に対立が見られ、後者が解任されることとなった。そしてその二が人民解放軍の中にみられた対立であり、羅瑞卿(総参謀長)と林彪が対立し、運動の中で羅が失脚し、林彪が北京を指揮下に収めることとなった。

こうして幾つもの対立が動き出していたなか、一九六五年秋、姚文元《ようぶんげん》(上海党委員会書記)が上海の新聞に一編の評論を記し、これが『人民日報』に転載されて論争をよんだ。そしてこの問題が一般に文化大革命の端緒をなしたものとされているのである。

3　都市における文化大革命

都市における「文化大革命」は、当時北京に住んでいた人の率直な感想によると「静かに忍びよるようにやってきた」もので、だが大いに「面喰った」ものであったという。面喰ったわけは、その名称であって、建国後のあの大運動ですら、あくまで土地「改革」であったのに、今回は何と「革命」という壮麗雄大な二文字が並んでいたからであった。しかも、そこにはさらに「文化」がついていたので本当に解せなかった、勤務する工場のどこに革命すべき文化があるのかと思った、というのである[10]。

そして都市に住んでいた者の実感からいうと、その「文化大革命」という存在は、一九六六年五月、北京の清華大学付属中学（高級中学＝日本の高校）に初めて紅衛兵組織ができ、それがあっという間に上海、杭州、広州、青島《チンタオ》、長沙《ちょうさ》、天津、西安など各地に広がったことで、はっきりしたのだという。しかも紅衛兵たちは、まず学校内の壁という壁を「壁新聞」で一杯にしたあと、「その余勢をかって」街へと進出したので、その数の多さと勢いに街の人々がビックリしたのであった[11]。

文化大革命の開始と紅衛兵

さて、この初期の一連の動向は、今日の「文化大革命史」に照らしてみれば、何よりも毛沢東の強い意志を感じさせるものであった。それを辿ってみると、ことの始まりは、一九六六年二月、前年秋上海で出された姚文元による文芸評論「新編歴史劇『海瑞免官』を評す」に対して、党中央の彭真を中心とした文化革命五人小組[*]がその際の論争を検討し、「二月要綱（テーゼ）」を出したところに始まる。[**]彭真らはこの事態をあくまで学術上の問題に限定しようとした。ところが毛沢東はこれを不満とし、これこそ政治問題にすべきであるとして対決姿勢を明らかにし、「五・一六通知」を発して「二月要綱」を取り消させ、文化革命五人小組を廃止して、新たに「文化革命小組[***]」を設けることとしたのである。

そしてこうした動向は、社会の中に、あるいは学校の中に反映され、先の清華大学付属中学における紅衛兵組織の誕生となり、その波を全国に広げた。したがって八月に入って第八期一一中全会が開かれると、そこでは「〝プロレタリア文化大革命〟についての決定」（一六条の決定）が出され、文革とは「上部構造の階級闘争」であると定義づけられ、さらに次のように述べられたのである。

・当面の我々の目的は、資本主義の道を歩む実権派をたたきつぶし、ブルジョア階級の反動的学術権威者を批判し…教育を改革し、文学・芸術を改革し、社会主義の経済的土台に適応しないすべての上部構造を改革して、社会主義制度の強化と発展に役立つようにすることである。

・学生は学業に励むだけでなく、工業、農業、軍事も学ばねばならず、またいつ

＊＝彭真、陸定一、康生、周揚、呉冷西の五人。

＊＊＝「海瑞免官」は歴史学者呉晗《ごがん》によって書かれた新作京劇。内容は、明代の清廉な官僚海瑞が、大官の息子が奪った農田を、彼らの妨害を制して農民に返還させたが、自らは解任されたというもの。この劇に対して、一九六五年、「四人組」の一人姚文元が、上海『文匯報』に「新編歴史劇『海瑞免官』を評す」を書き、この劇には個人経営を回復し、人民公社の土台を壊す意図があると指摘、その結果、作者呉晗は批判の的となった。しかもそれはさらにエスカレートして、これまで調整政策をすすめてきた呉晗の上司彭真（北京市長）や劉少奇（国家主席）を批判するものとなり、文化大革命の発端となった。また毛沢東が、海瑞の「免官」を、廬山会議における彭徳懐《ほうとくかい》の「解任」と関連させて言及したため、ことは一層大きくなった。

＊＊＊＝陳伯達、康生、江青、張春橋、姚文元など。

でもブルジョア階級を批判する文化革命の闘争に参加しなければならない。
（「プロレタリア文化大革命についての決定」[12]（一六条の決定））

こうして第八期一一中全会は、文化大革命を遂行することこそ党の最大の任務であると宣言し、すべてをその方向に向けて動かしはじめた。中央の人事も変更され、これまで序列二位であった劉少奇は八位になり、空席となった二位の位置には唯一の副主席として林彪が座った。こうして、いまや、序列一位である毛沢東の絶対的権威のみが際立つこととなったのである。そして、そのような毛沢東から「呼びかけ」と「支持」を受けた紅衛兵たちは、初めは学内で専門知識尊重の教師たちを攻撃していたのだが、八月以降街頭に出るようになると、その未熟で若さにまかせた実力行使によって、学術、芸術、宗教に関わる文化遺産を破壊し、「造反有理」（造反には道理がある）を掲げて批判大会を開き、実権派と目された人たちを呼び出して無残に糾弾した。また北京では通りの名称や町名の変更まで強要し、そのため似通った革命的な町名や番地が増えて、郵便配達夫は大変困ったのであった。

この年一九六六年は、中国の各都市が手に手に赤い「毛沢東語録」を持つ紅衛兵の運動によって席巻された時であった。とりわけ北京は、全国から「串連」（経験交流）のために上京してきた各地の紅衛兵によって繰り返し溢れた。初回八月一八日に集まった一〇〇万の大衆と数万の紅衛兵に対して、毛沢東が天安門上から接見したため、以後、希望者が殺到したのである。特に「串連」は中央から「北京逗留四日間」を公認されたものであり、糧食票を持参すれば、交通費も、宿泊費もすべて無料（官費）であったから、「夏から秋にかけて、街は、来る日も来る日も地方からきた紅衛兵の行進でいっぱいになった」、「学校も、公会堂も、劇場も、映画館も、あらゆるところが臨時宿泊所にあてられたが、それでも不足だった」のである。[13] 毛沢東も、一一月末までに、八回にわたって総計一四〇〇万人と接見しなければならなかった。その最終回は一一月二五日二六日の二日間にわたる接見となったが、両日とも天安門広場は摂氏零度の寒空の下にあった由である。

だがこのような事態は、平生の社会状況からみるならば、社会の混乱そのものであった。当然ながら、そこには紅衛兵間の争いの多発や、さまざまなグループ間での武闘の多発がみられた。なぜなら、この運動の根幹には、この時代の基本をなす思考様式、すなわち人々を階級によって分けるという考え方、それも「出身血統主義」という越えがたい出自の差を問題にする考え方があり、それが人々の間に厳然たる差別をつくり出していたからである。また、これまでの「区分」についても、この機会をとらえて不満や問題提起がなされたからである。そして何よりお互いに不寛容であった。したがってこの混乱に対しては、政権内部からも、また都市の人々の中からも鎮静化を求める声が高まり、紅衛兵による「串連」はこの年の末をもって終了すると通告されたのである。

こうして翌一九六七年になると、各都市には、労働者による運動が目立ってきた。そのわけは、紅衛兵によって攻撃された各都市の党委員会などがすでに無力化していたため、その空白を埋めるべく、さまざまな労働者造反組織が連合や分散を繰り返しつつ関与し、生産活動の正常化と秩序の回復を主張して、新たな権力機関をつくろうとする動きを見せてきたからである。だがこの動向も、更なる対立と闘争を生むことが多く、この年工場の生産ラインは弛緩し、都市経済は低迷した。鉄鋼生産は前年比でマイナス三二・八%、石炭生産は同マイナス一八%、発電量は同マイナス六・二%という状況だったのである。そしてこの事態は、結局人民解放軍が介入することで、「大衆、幹部、軍」三者による「三結合」と呼ばれる協力関係がつくられ、その権力機構として「革命委員会」が設立されることとなって、やっと秩序の回復に至ったのであった。

革命委員会の成立

「革命委員会」の最初の提起は一九六六年八月の毛沢東による「〝プロレタリア文化大革命〟についての決定」にあった。そこでは、革命委員会がすぐれて新しい組織形態であり、党と大衆が結びつくかけ橋であり、プロレタリア文化革命の権力機構であるとされたのである。

その具体化の初発は、六七年一月黒竜江省に誕生した臨時の権力機構であった。だが、同二月上海で奪権闘争が行なわれ、それまでの上海政府に代わって「コミューン」が樹立され「上海人民公社」という形が構想されると、当初これを推奨していた毛沢東が、それでは共産党組織の優位性が損なわれる、と懸念を示したため「コミューン」とせず、「革命委員会」を設けることとしたのである。こうして、この時から全国二九省の行政単位と、その下での組織や機関には「革命委員会」が設けられることとなり、それが完了したのは、チベットと新疆《しんきょう》にこの形が成立した一九六八年九月のことであった。こうして一九七〇年代の中国では、穏やかな町内会にも、子供たちが学ぶ小学校の部屋にも「革命委員会」という物々しい表示が掛けられたのである。

そして、このようにして文革の混乱に一区切りついたとき、都市における紅衛兵たちは活動の場を失い、「下放」*を指示されて、「貧農下層中農の再教育をうける」ために全国の農村あるいは辺境へと向かった。その数は、この年二六七万人、以後この流れは一九七六年まで続いた。

さて、こうして全国に革命委員会が成立した一九六八年一〇月、文革に一つの区切りをつけるべく開かれたものが第八期一二中全会であり、これを受けて翌六九年四月に開催されたものが一三年ぶりに開かれた第九回党大会であった。共に人事の大きな変化が明らかにされ、前者では劉少奇が「反革命分子」と断罪されて党を除名され、後者では林彪が「毛沢東の親密なる戦友」としてその後継者に任ぜられた。共に文革という混乱への対応を示すものであり、同時に折から起こっていたベトナム戦争や、ソ連との国境紛争という対外的な緊迫を反映するものであった。だがその林彪も、七一年九月、搭乗機がモンゴルで墜落し死亡した。クーデターを企てて失敗し、ソ連に亡命する途中であったとされているが、その真相は明らかではない。

この結果七〇年代に入ってからの政権運営は、一方では周恩来と、七〇年代に入って復活した鄧小平とが経済復興と国際関係改善を軸に政権運営を行ない、他方では江青、張春橋、王洪文、姚文元という文革派「四人組」がさらに文革を進めようとして争う動きを見せた。

そうした中、一九七六年一月周恩来が没し、九月には毛沢東が逝去し、この大きな変動の中で、四人組は毛の後を継いだ華《か》国《こく》鋒《ほう》によって逮捕され失脚した。こうして時代は確実に新たな時代に移行したのである。——だがその前に、ここでは、もう一度一九六〇年代に立ち戻って、農村における文化大革命と人民公社体制についてみておかなければならない。

4　農村における文化大革命

激しかった都市の運動に比べれば、農村における文化大革命は全般に静かなもので

*＝主として学生など知識分子が、地方の農村や辺境や工場の現場へ行って働くこと。

あったとされる。「四清運動の時にやるべきことは皆やってしまったから、文革の時は至って平穏だった」という声があった所以であろう。たしかに四清運動の際の、幹部による「地位利用の飲み食いや浪費」といった具体的で生々しい問題に比べれば、上海における文芸批判に端を発する「文化」大革命は、農村の人々にとって身近な問題ではなかったに違いない。

しかし、そうではあっても、この運動は全国すべての村々で行なわれたのであり、農村社会では非日常のものであった。そして運動状態が終息した後も、人民公社という体制そのものは、一九七六年に毛沢東が没し、時代が改革開放期へと移行していく一九八四年まで二〇年余にわたって続いたところから、その影響は、陰に陽に、その後の社会に少なからず及んだのである。そこで以下には、初めに農村調査の際語られた村の文化大革命（文革）についてそのおおよそを記し、次いでそうした運動を包含して形作られていった人民公社時代の社会相について概観しておくこととする。[14]

一九六六年夏が終わったころ、各村には文革の工作隊がやってきた。数名〜二〇名余、四清の時と同様に県や公社等からきたのだが、ある村に来た工作隊は、リーダーが県の統計局の組長で、その下に各部門から選ばれた一般幹部、そして工場からの労働者も加わったチームであった。この労働者というのは、都市の各工場から引き抜かれて、まず一か月ほど訓練を受け、それから分配されて農村へきたものである。工作隊は、それから一年あまり村に滞在し、各農家とりわけ貧農の家に泊ることが多かったが、食事は自炊が主で、農家で食べたときには必ず「糧票」を支払ったという。そして、一般に工作隊が来ると、その時には県など上級から何かと便宜がはかられ、化学肥料や油料などが入手できたため生産が上がり、村民は工作隊を歓迎したのであった。

村の文革は、先にも述べたように、激しかった都市の運動と比べれば、比較にならないほど穏やかなものであった。たしかに各村には一つあるいは二つの紅衛兵組織（「紅衛兵」「衛東造反団」「桿衛最高指示紅衛兵」「火炬紅衛兵」など）が生まれたが、そこには青年ばかりでなく順次大人たちも加わり、集会では村内の旧時の地主、富農や旧国民党軍の兵士、また右派とされたものなどを呼び出して批判したものの、目立った武闘はなく混乱は一時のことであった。そして、この時紅衛兵組織に大人たちが加わった理由は「生産を守るため立ち上がった」からであり、そうした努力で村では生産への影響は少なかったのである。むしろ畑では工作隊の中の技術員が農業技術の学習会を開き、防虫のための農薬の噴霧を実演したり、棉花の管理として品種をどう選ぶか、どのように枝を整えるか、摘芽をどうするかなどについて指導を行なった。またある村では、工作隊が井戸掘りを提案して、農民を指導しつつ五つの井戸を掘り、水の不足を改善した。また、一部乱れたところが発生すると、公社の一部門である武装部がでてきて、村の民兵隊長と共に対応に当たったとのことである。

文革の間はたしかに集会が多かった。午前中農作業をし、昼戻って食事をすると、午後畑に行く前に集会があった。生産隊がそれぞれに集まることもあった。夜の集会もあった。また村外の公社で集会があると、村の民兵や紅衛兵が参加した。その他にも「串連」としてさまざまな単位で経験交流をすることもあり、その点で当時は村を越えた広域での関連性があったということができる。そのため公社の書記は、常に傘下の「三支」(工支、貧支、紅支)すなわち労働者、農民、学生の動向に注意を注いでいた。

文革らしかったことといえば、村の大通りに壁新聞が張られたこと、古書のある家に紅衛兵が行ってそれらを探し出し、持ち出して焼いてしまったこと、信仰の問題にも介入して信者に改心をせまったことなどがあげられる。また当時は、おおむね学校の先生など知識人が批判されたのであり、その結果、彼らは八〇年代の名誉回復まで受難の日々を過ごした。彼らの中には旧時の地主などと共に、村の道路の清掃や、防空壕掘り、豚小屋の始末など辛い労働を強いられた者もいたのである。

一点、文革の後半、村で大いに喧伝されたものがあった。「農業は大寨に学ぶ」運動である。これは、山西省東部の石ころだらけの山間部を、鋤や鍬をもち、人力で開墾した大寨大隊の精神に学ぼうというもので、実際に村からも幹部が参観学習に行った。その結果、大寨の「自力更生」(他に頼らず自らの力で事を行なう)の精神が繰り返し伝えられ、村でも河をさらい、井戸を掘るなど水利建設が行なわれて、灌漑に一定の成果をあげた。

文革運動については、やはり教育分野への影響が大きかった。小学校や中学校では「教育と生産を統合すること」が推奨され、生徒たちは学校の門を出て生産労働に参加した。そのため授業時間は減り、授業内容もおろそかになり、全般に学力は低下したという。国語の時間には「毛沢東語録」を暗唱したこともあった。教師や中学生は交流運動に行ったり、一部は「毛沢東思想宣伝隊」に加わって周辺地域に行ったりした。当時農村の出生率は高く、学齢期の児童が増えたため、小学校では複式学級にしても教室と先生が足りなかった。またこの時期は、特に従来からの試験制度がなくなり、上級への進学も推薦制となって、「紅五類」*など出身の良さが合格の条件となった。

もう一つ、当時の農村教育の問題で、その後に大きな影響を与えたものは村の小学校の先生が「民辨《みんべん》教師」となったことである。これは一九六八年、国の建議によって教育費削減のため農村の小学校が生産大隊の経営となったからであった。「民辨教師」とは、教師専任ではなく、農地を耕作しながら教壇にも立つ先生のことで、給与は大隊の労働点数で与えられ、専任の教師に比べれば数分の一であった。そのため独立した職業とはなり難く、往々高級中学卒業の女性が農業の傍ら教師になるケースが多かったという。こうした点も、この時期に始まり、長く都市と農村との教育格差が続いた要因となった。

だが、文革期の村の特筆すべき変化の一つは、全般に女性の地位が向上したことであった。五〇年代以来、村々では「婚姻法」の影響や集団化によって女性の組織化や政治参加、就業や就職が政治主導で行なわれてきたが、それでもなお旧来からの性別役割分担の意識は強く、女性にとっては、農作業に加えて育児、家事の負担が重かった。そのうえ人民公社では初動時点から労働点数に男女差があり、青壮年男性は一日「一〇点」であったが、女性は「七〜八点」であった。だが文革期になると、村によっては村政に与る女性が出てきたり、婦女主任が先頭にたって同一労働、同一報酬を要求して男性と穀物袋運搬競争を行なったりし、勝利して労働点数を引き上げることに成功した。後に九〇年代、彼女たちは、「女性の方が忍耐力があり、がんばって長時間仕事をするので、成果が多くあがったのだ」といい、そのようにして「次第に女性が一家を切り回すようになり、財産権も手中におさめたので、今は不満足なことは少ない」と述懐していたのである。

以上は文革期の村の素描だが、ではこうした動向はその後の農村社会に如何なる影響を及ぼしたのであろうか——。

＊＝「紅五類」とは、労働者、貧農下層中農、革命幹部、革命軍人、革命烈士およびその子弟。この逆が「黒五類」で地主、富農、反革命分子、悪質分子、右派分子である。

5　人民公社を成り立たせたもの

中国はかつて一九五〇年代の集団化の時代およびその後の人民公社の時代を一定の成果をあげた時であったと評価していた。なぜなら中国の人口は、建国時に五億四千万であったものが、一九八〇年には九億八千万にまで増加したのだが、この巨大な人口の食の問題を、人民公社はひとまず現実に解決してきたからである。また、すでに述べたように、この体制の下で原料や資金を農村から集めたことによって、国は工業化を一定のレベルまで達成し、さらには宇宙にむけて人工衛星さえも打ち上げてきたからであった。

だがこの点については、「中国国民はやせ我慢して人工衛星を打ち上げたが、平均的生活水準は一九五二年から一九七八年までの間、ほとんど改善されなかった」という声もある。[15]

では、そうした現実をもつ人民公社の時代を、農村の人々は、どのようにして乗り切ってきたのであろうか——。そもそも、そうした人民公社体制を、二〇年余もの間、何とか成り立たしめてきたものは何であったのだろうか——。

そこにはさまざまな要素があるのであろうが、ここでは当時の体制維持の根幹を担ったものとして①人民公社各レベルの幹部たちと、②当時の副業と自留地の問題について述べておきたい。なぜなら、①は、彼らこそが、集団化の中の事なかれ主義と、働いても働かなくても分配に大差はないという達観が時代を覆っていたときに、多数を率いて体制の根幹を維持した少数であったからであり、②は、それこそが、農民たちの積極性に直接かかわるものとして、次の時代を生みだすモデルとなったものであったからである。

農村の幹部たち

人民公社という組織は、「政社合一」といわれるように、たしかに行政の単位であると共に、多様な機能を含みこむ農村社会の基層組織であった。だがしかし、何といってもその最大の任務は、国家が必要とする農業生産を、その求めに応じて成しとげることであった。そのため、日常どのように生産活動が運営されていたのかをみると、挙げて中心となる幹部たちの判断と指揮に委ねられているところが大きかったといえよう。それは、農業という営みが、大自然の中で、地力を利用し、天候や気温や水に依拠しながら、農時を過たず作物を育て収穫していくものであり、「精耕細作」という言葉があるように、常時細心で気の抜けない作業を行なうものであったからである。したがって農民たちには、一年を通して常に注意深く、臨機応変に働くことが求められていたのであり、そのためには常に「やる気」が必要なのであった。

であれば、そこに求められた条件は、上記のように、やる気のある人間と、やる気を起こさせる道具立てであったろう。では当時、やる気のある人間とはどこにいて、どのようにやる気を示していたのであろうか――。

まず、一つの人民公社（郷）を例にとると、そこには一般に七〜一五の生産大隊（村）が属していた（第二章77ページ図参照）。そして各大隊（村）には、おおむね数個の生産隊があって、人々は必ずそこに所属して働いていた。要は、人民公社とは、そうした三層（人民公社－生産大隊－生産隊）から構成されていたのであり、その各段階にはそれぞれに特有の任務があって、その任務を遂行するために幹部がいたのである。

まず公社の幹部とは、党書記、副書記、郷長、副郷長、青年団書記、公安員、婦女主任、武装隊長、財政主任等一〇名前後からなるものであったが、彼らに求められていたことは、常に公社全体を管轄し、全体の状況を知った上で、県から要請されていた生産計画を全うすることであった。たとえば華北の場合は、特に穀物と棉花が重要であったため、穀物はどの大隊がどれほど生産可能か、棉花はどこがどのくらい分担できるのかを見通して割当て、間違いなく実施させ、結果を出すよう監督し指導したのである。また問題が生じて計画を変更するときも、同様に公社の委員会で検討し、公社の主導によって計画の再調整をした。なぜなら大隊や生産隊には生産計画を変更する権限はなかったからである。またそうした生産面のみならず、特に冬の農閑期には地域全体の基盤整備としてクリークや用水路などの水利建設や道路建設などをも指導した。

こうして公社の幹部は、一方では上級の県と連絡を取りつつ、常に「三幹会」という公社、大隊、生産隊三者間の幹部会を開いて、上からの要請を全体に徹底したのである。また各大隊内部の実態を知るために常々現場に赴き、問題のあるところには住み込み、その際は必ず農民たちと寝食を共にして相談にものった。一九九〇年代、訪れた農村で「どのようにすれば生産任務が達成できるのか」と尋ねたとき、ある公社幹部は断固としてこう答えたのである。「生産量が上がるかどうかのカギは幹部の能力いかんにある。幹部たちがみな農業技術を理解し、化学肥料や農薬の知識をもって働けば、生産量は必ずや上がるものなのだ」「最も大事なことは幹部が団結してやるべきことをやることなのだ」[16]と――。

求められた基層幹部像

たしかに人民公社の時代は、基層幹部の仕事のありようが厳しく問われたときであった。実際に最も厳しかった時には、――それは「農業は大寨に学ぼう」運動の時だったが――「労働時間一、二、三」、および「三同制度」に則って行なわなければならなかった。

「労働時間一、二、三」は、県レベルの幹部は年間一〇〇日、公社レベルの幹部は年間二〇〇日、そして大隊レベルの幹部は年間三〇〇日、必ず現場で働かなければならないという決まりであった。また「三同制度」とは、「同住、同食、同労働」であって、幹部たるもの、現場では必ず一般農民と同じところに住み、同じものを食べ、同じように働くことが求められていたのであった。そして実際に、当時の幹部たちはそれを引き受けて働いたものと思われる。

次に大隊の幹部とは、最も普遍的な村を束ねる幹部であった。そして人民公社時代には、――再度の説明となるが――村の支部書記、大隊長（村長）、会計、民兵隊長、婦女主任、そして各生産隊の隊長がそれであった。要はこのメンバーが、政社合一の村の運営を担ったのである。

だが特に生産現場としての村という観点でみるならば、書記や大隊長は、もっぱら公社からの指示を受けて、その生産任務を各生産隊に割当て、責任をもって見回り、督励し、成果をまとめて公社との連携に当たったというのが役割分担であった。そして実際の生産活動は、すべて生産隊長の下、生産隊によって行なわれたのである。したがって一般農民にとってみれば、支部書記や大隊長はやはり一段離れた存在であって、農民たちの日常に関わる幹部とは、まさに生産隊長なのであった。そのため、集団労働の中での具体的な不満や意見は、支部書記や大隊長にではなく、むしろ日々直接の指揮をとる生産隊長に向けられたのである。生産隊長こそが毎日繰り返される煩瑣な問題を扱わなければならず、人民公社時代の農村で、最も難しい立場にあったといえるであろう。

かつて「大隊長の方が大きな組織を管轄し、関わる面も広いのに、なぜ生産隊長の方が難しいのか」と尋ねたことがある。すると幹部経験者からは次の答えが返ってきた。

・大隊長は生産隊長に指示すればそれでよい。だが生産隊長は毎日農民大衆と接触し共に働かなければならない。毎朝仕事を分配するとき、仕事には汚い仕事ときれいな仕事がある。軽い仕事と重い仕事がある。そのため割り当てるとき、しばしば衝突が起こる。

・生産隊長になることは身体が疲れることだ。本当に疲れる。生産隊には一〇〇余の労働力があるので、毎日仕事の割り当てをしなければならない。そうしても、ある者は割り当てられた仕事をやり上げない。ある者は仕事には着くが力を出さない。生産隊長はそうした人を説得しなければならない。これは上手くいかず、しばしば人を傷つけ、恨まれる。そのうえ人民に奉仕して勤勉に誠実に働き、真心こめて実直に生産隊のためにやっても、収入を高めることはかなり難しい。

（「北京市順義県沙井村調査記録」[17]）

・私は郷の武装主任、村の書記そして生産隊長をやったが生産隊長が最もやりにくかった。この仕事は人を傷つけ恨みをかう。幹部の中では、仕事に忠実であり、農業をよく理解し、いろいろなやり方をもっていて、人々のためになることをし、個人の私利をはからないのが好い幹部であり、私はそうしてきた。だが、一たび何か運動が始まると、みんな私をやっつけた。何という苦しさだったろう。だからもう辞めたのだ。（「河北省欒城県寺北柴村調査記録」[18]）

また、ある村で老幹部が語った彼の生産隊長時代の一コマは、忘れられない。彼は一九七〇年代、生産隊長に誰一人なり手がないときに請われてその任についた。そして水路より高い灌漑溝に水を入れるために、ただ一人、長柄のひしゃくで数十万回水をくみ上げたという。農民たちは、この苦労をいとわず身を粉にして働き、隊の生産を高めた隊長を歓迎し、翌年も翌々年も彼を生産隊長に選んだ。だが二年後、彼は疲れ果てて辞任し、もう如何なる説得にも応じなかったという。[19]

すべての農村幹部の中で、公社時代の生産隊の隊長が最もつらい立場であったと皆異口同音にいうのである。それは、農村の幹部は何よりも実践が伴わなければならないという特質によっている。常に先頭に立って働かなければならない。まず自分がやって見せなければならない。集団化という、ともすれば共同作業のなかに埋没して安逸をもとめる農民たちを督励して、過酷な自然に立ち向かわなければならないのである。

とはいえ、念のため一点、あえて付言すれば、村の書記や大隊長の役割が生産隊長より楽であったわけではない。公社体制の中でそれは、当然のことながら優るとも劣らず重いものであった。彼らは常に村全体に目を配り、全体の任務の遂行のために努めなければならなかった。村全体で行なうべき冬季の河川の浚渫《しゅんせつ》や農地の改造、村内道路の整備のために人々を動員しなければならず、また農民たちの健康問題や子供たちの教育、その他生活万般に関わる条件整備について、さらには村内のもめごとについても責任を負っていたからである。

村という、何事につけ具体的成果が日々問われるところでは、必要なことには断固として邁進し、そこへ人々を結集していく強いリーダーシップが常に求められていたのである。村幹部の重要性はいくら強調しても、し過ぎることはないと思われたのであった。

人民公社時代の副業と自留地

さて、最後に中国農村社会における「副業」についてだが、その重要性と役割については、すでに第二章において述べたので、ここではあえて繰り返さない。ただもう一度確認するならば、そこで明らかにされたことは、副業が農民たちにとって長い間生計保持のために必須なものとして行なわれてきたこと、建国以後も、農民たちは冠婚葬祭等に必要な現金収入のために副業を行なうことを切望していたこと、とりわけ集団化や公有化が始まった時には、副業の存在こそが生活の保証と認識され、そうした副業を行なうために「自留地」が重視されたことであった（第二章参照）。そこで、本章でも同じ問題意識から人民公社期に入ってからの副業について、以下に見ておくこととしたい。

人民公社期の副業についてその基本を定めたものは、一九六二年一一月に出された「農村副業生産の発展に関する決定」であった[20]。そこには、農村副業が集団経済を強固にするために不可欠の要素であり、したがって行政手段によって干渉したり制限したりしてはならず、むしろ農民たちが安心して副業を行なえるよう配慮する必要があると記されていた。[*] そのためこれは、その後「副業総論」ともいわれた。なぜならこの「決定」は、副業が各戸および集団の経済的活力に決定的な意味をもっていること、たとえそれが「集団と個」、「公と私」の問題として矛盾をはらむ存在であったとしても、集団経済の発展と各戸の生活の安定のために欠くことができないものだとされていたからである。また副業は少額であっても売って対価を得るものであるところから、必然的に流通過程と密接な関係をもち、したがって人民公社期の流通問題としても重要であったからである。またそれは、集団農業が統一購入・統一販売政策を通して国家に集中させる食糧と棉花の生産を担うのに対して、副業はその他の日常生活における副食品や現金収入の重要な部分を支えるものであったからなのである。

たしかに農民は、集団労働によって「食」はひとまず保障されていた。だが、それはほとんど現金を生むことがない。他方農民の生活は、たとえ集団の中にあっても、その生活慣行によって現金が少なからず必要であり、そのためには副業が不可欠なのだとこの「総論」は示したのである。ただしその後、一九六〇年代半ばになって文革期に入ると、副業とりわけ戸別副業のあり方は、とかくの批判にさらされるものとなった。副業のための自留地が特に攻撃の対象となり、往々「自留地の多寡は私心の多寡」

といわれたり、「自留地で飼うトリの数はヒトの数を越えてはならない」と制限されたりした。[21] 村によっては「資本主義のしっぽ」として切り落とされたところもあった。だがそれでもなお、「社員は少量の自留地を持ち、家庭副業を行なうことができる」という基本のあり方はこの後も続き、大きく変わることはなかったのである。

この点について、農政を一貫してみてきた杜潤生は、当時を回顧して、これは毛沢東が政治的には「左」に舵をきった時にも、農村の危機的状況への認識によって、生産秩序を安定させるために「自らすすんで農民に対して譲歩したのだ」と述べている。[22]

総括すれば、副業という形態は、社会主義の方向を追求する政治過程の中にあっても、またそうした中にあるからこそ、重要なものだったのである。それは副業という存在が、集団化過程におけるインセンティブの不足を補い、わずかながらも経営自主権をもちたいという農民の内なる願いに関わるものであったからといえよう。

---

*＝ここでは、果樹や竹木栽培を行なうこと、林副産物、水生作物を採集すること、養殖、養豚、養禽を行なうこと、編物、縫物、刺繡など家庭内手仕事をすることをよしとしている。

そしてもう一つ見るべきは、副業を行なう上で欠かせない「自留地」についてである。自留地は、この後の農村の在り方を大きく転換させた「農家生産請負制」(「包産到戸」)の導入に当って、まさにその「手がかり」となったものであった。したがってこの改革開放政策を立案した杜潤生は、そうした自らの考え方が、それまでの自留地と副業のあり方を参考にして生み出されたのだとして、次のように述べている。

集団化におけるインセンティブの不足という欠陥を補うために、あらゆる社会主義国家の農業集団組織の規約は、すべて、農家が小区画の自留地を持つことを認めている。…その数量は小さかったが、農民はこれを偏愛し、能うかぎりの力をそこに投入して精耕細作し、心をこめて世話をしたので、単位当たりの収穫は集団耕作地の二倍から三倍という高さであった。それは一家の食料を補ったばかりでなく、そのほかの高付加価値の副業を発展させ、いささかの収入をもたらし、家計を改善し、一つの自主経営空間を形づくった。人々はこの中から次のような示唆を得た。集団所有の土地からわずかな土地を分離して農民にかえして使わせただけでも、こんなに大きな経済的効果を生み出したのであるから、このような仕組みを普及させることはできないだろうかと。そこで自留地を「包産到戸」を実施する参考モデルとすることになったのである。
(『杜潤生　中国農村改革論集』[23])

以上から、自留地と自留地を基盤にした副業の存在が、人民公社期にはその体制をもち堪えさせ、次の改革開放時代の幕開けのときには、農村経済体制改革という大きな転換を行なうに際して、少なからぬ役割を果したことが理解されるであろう。この点については、次章で詳細に検討する。

◉第四章

改革開放時代

一九七六年毛沢東の死去に伴って、中国はそれまでの文化大革命に彩られた時代を否定し、その政策を緩和していく段階に入った。同時にそれは、次なる改革開放の時代を醸成するときでもあった。そのため一九七八年を中心に、特に疲弊した農村に対して貧困地域への負担軽減、農産物買い上げ価格の引き上げ、農業分野への財政補助など多岐にわたる対応策が試行された。その中には、個々の農家が土地を請負って生産する形「包産到戸」*（農家生産請負制）を試みるところも見られた。そしてこの年一二月に開催された中国共産党第一一期中央委員会第三回総会（第一一期三中全会）においては、全党の工作の重点を経済建設に移すこと、とりわけ「農民に一息つかせる」ために精力を傾けて農業生産を向上させることが提起された。ただしこの段階に至っても、中央の会議では、人民公社体制をこれまで通り維持するとしていたのであり、「農家による請負制は認めない」という集団経営の「聖域」はなおも守っていたのである。

だが第一一期三中全会の全体的精神は、思想の解放と制度の刷新を提唱するところにあったから、ここから始動した農村の体制改革は、当面極めて慎重ではあったものの、徐々に上記の各農家が生産を請負う「包産到戸」を解禁する方向に舵を切っていくものとなった。

本章は、そのような文革終焉に始まる改革開放時代への移行について取り上げ、そ

---

*＝「包干到戸」ともいう（包＝請負うという意味）。これらは、農業生産の農家請負制であり、普及してからの形でいうと、それまでの人民公社による集団農業を改め、農家を単位として生産を行ない、収穫後はまず国や集団への供出ノルマを実施し、その残りを農家の取り分とする形である。収穫が多くなるほど取り分が増えるので、農家は挙げて生産に励んだ。一般に、「包産到戸」は農家生産請負制、「包干到戸」は農家経営請負制と訳すが、基本となる考え方はおおむね同じである。

の変化の過程を辿っていくのだが、その前にまずは、そうした動向の背景をなす一九七〇年代のこの国の、国際的な、また国内的な状況を簡単に述べておくこととする。なぜなら、振り返ってみれば、七〇年代に入ったころから、中国を取り巻く内外の状況の中には、相次いで次なる改革開放時代を予感させるいくつかの事態が生じていたからである。

1　一九七〇年代中国の国際関係と国内情勢

では、七〇年代初頭から起こった次なる時代を予感させる事態とは、たとえば何か――。

それは三点あげれば、①一九七一年七月のキッシンジャー訪中と七二年二月のニクソン訪中、そこから始まった米中の和解と国交樹立への動きであり、②一九七一年一〇月の国連総会において可決された中華人民共和国による国連代表権の回復であり、③一九七二年九月に行なわれた田中首相の訪中と日中国交正常化で、これらはまさしく文化大革命の間停頓してきた中国外交の再開であり、次なる改革開放時代へ続く道を示すものであった。

アメリカとの対話

まずアメリカとの対話は、七一年夏からキッシンジャー（アメリカ大統領特別補佐官）が二度にわたって秘かに訪中し、周恩来と戦後初の米中政府間交渉を行ない、翌年二月には大統領ニクソンが北京へ飛んで毛沢東と会談を行なったもので、その結果両国の同意事項を盛り込んだ「上海コミュニケ」が発出された。[1] そして「上海コミュニケ」によれば、今後の両国関係の基本的あり方は「社会制度の如何を問わず、いずれの国も、主権と領土保全の尊重、他国に対する不侵犯、他国の内政に対する不干渉、平等互恵、平和共存という原則に基づく」もので、今後両国国民は相互理解のために「科学、技術、文化、スポーツ、報道などの分野で連携と交流を発展させる」とされた。

この中米接近の背景には、何よりも緊迫する中ソ関係、アメリカの苦悩であったベトナム戦争、中国の懸案事項である台湾問題等があったことは論を俟たない。だがこの中米両国の関係修復は国際社会にとっても予期せぬことであり、日本も「頭越し」とビックリしたが、ともあれ朝鮮戦争以来二〇年におよぶアジアの冷戦構造に終止符を打つものとして重要であった。そして国連における議席回復とも相まって、中国は各国に次々と大使を派遣し、その国際関係を大きく改善することとなったのである。

日中国交正常化

もう一つ、この時期の大きな変化は「日中国交正常化」であった。なぜ「正常化」なのかといえば、日本は二〇世紀の前半、不幸な戦争を経たのち、一九五二年八月その戦後処理として「日華平和条約」を結んだからである。これは時の日本政府が中華民国政府（台湾国民政府）を中国代表と認定して締結したもので、そのため爾来《じらい》二〇年にわたって中華人民共和国とは戦争の終結もなく、国交もない状態が続いたのである。したがってこの「不正常」な状況に終止符を打つためには、少なくとも日本による「先の戦争への深い反省」と「復交三原則の承認*」、そして中国による「対日賠償請求権の放棄」と「日米安保体制の容認」が求められたのであり、これらがおおむね整ったことで、一九七二年九月田中首相、大平外相が訪中し、政府間交渉わずか四日間にして「共同声明」が調印され、関係が正常化し、国交が回復したのであった。

その日の北京は樹々の緑が秋の陽に光る本当に美しい日であった。そしてこの歴史の転換は、中国では毛沢東、周恩来両指導者が日中の国交回復をよしとし、人々が異論を唱えず、他方日本でも交替したばかりの新政権がその決意をし、経済界や世論が挙げてその方向に共感したことで、あっという間に国家関係が回復したのであった。それは、折もよく時宜を得たときであったというほかはない。**

さて、こうして七〇年代の中国の国際関係は、改革開放の方向に向けて動いたのだが、他方その間の国内情勢はといえば、それはなおも問題が多く輻輳したものであった。先にも述べたように、まず七〇年代前半には林彪事件や批林批孔運動***があり、そこには「四人組」の台頭がみられた。しかも次いで後半になると、七六年一月には周

*＝「日中復交三原則」とは、①中国は一つである、②台湾は中国の一部である、③「日華平和条約」は破棄しなければならない、という三つの原則で、これを認めることが復交の要件であった。

**＝尚、「日中平和友好条約」の調印は一九七八年八月のことである。

***＝一九七四年に行なわれた、四人組の主導による林彪を批判し孔子を批判する一連の運動。周恩来批判を含意していたとされる。

恩来が、九月には毛沢東が相次いで死去し、一〇月には四人組が逮捕され、中国の政治はまさしく激動に見舞われた。そして――この激動以降の中国社会がどのように動いたかについては、詳細は省くとして、当面この国の舵取りを担った二人、華国鋒（党主席、国務院総理）と鄧小平（党副主席、国務院副総理）の動静はみておく必要があるだろう。

鄧小平の復活と第一一期三中全会

一九七六年一月、周恩来が死去したのち、その後を継いだものは前年から国務院副総理に就任していた華国鋒であった。しかも華は、九月毛沢東が死去すると、同じくその後をついで党主席となり、一〇月には四人組を逮捕して党および政府の全権を握った。

他方鄧小平は、文革中の長い失脚期間から七三年三月に副総理に復活して経済活動の指揮に当たっていたのだが、四人組との確執により七六年六月再び一旦解任され、翌七七年七月再度復活して党副主席、国務院副総理となり、華と共に国家の重責を担った。しかし、この時点の華国鋒はなおも毛沢東路線の継承を重んじ、今後の国の方針は「二つのすべて」であるとし、「毛主席の決定はすべて擁護し、毛主席の指示はすべて遵守する」と明示していた。そこには鄧小平の台頭を牽制する狙いがあったとされるが、これに対して鄧は、「実事求是」（事実に基づいて真理を探求する）こそが必要な態度であり、何ごとも「事」に応じて判断すべきで、一辺倒の信仰箇条であってはならないとし、むしろ脱文革の近代化路線を進めた。そしてこの両者の関係に決着がつけられたのが、一九七八年末に開かれた党の第一一期三中全会であった。

一九七八年は、この後の中国史の年表の中でも歴史的な転換の年として記憶されるに違いない。この年一二月に開催された第一一期三中全会は、鄧小平の主導により「大規模な嵐のような大衆的階級闘争は基本的に終わった」と宣言し、今後の活動の重点は「経済を中心とした社会主義現代化建設におく」と決定した。そしてその目標は「工業、農業、国防、科学技術の現代化を逐次実現する」ことであり、その中でも実際の改革は農村から始めるとしたのである。それは全国に大海原のように広がる農村の人民公社体制の改革なくしては、経済発展はありえないと考えたからであろう。こうして七〇年代末、この国は経済の現代化路線を選択し、農村体制改革に着手することとなったのだが、ではそれはどのように進められたのか――。

それを知るためには、まずはその政策の中心となった「包産到戸」（農家生産請負制）について語らなければならない。

2　「包産到戸」の導入

「包産到戸」とは、前章でも前々章でも触れたように、また本章冒頭にも述べたように、戸別農家が生産を請負う仕組みである。たしかに一見したところ集団化の対極にあるようで、旧来からの伝統的な戸別経営に戻るのではないかと議論を呼ぶものであった。

だが少し先回りしていうと、ここにいう「包＝請負う」という意味は、分配される耕地が単なる貸借ではなく、集団（生産隊）との間でさまざまな義務を請負っている点で従来の戸別経営とは異なるものなのである。たとえば生産に当たっては集団の指導に従うこと、政府に売り渡す農産物の種類や数量、付随する農業税、上納金などについては必ず決まりを守り実行することとされていたのであり、あくまで体制の一定の枠内にあるものであった。その点でこの形が、単なる戸別経営ではなく、公的な統一経営と戸別の分散経営が結合されている「双層経営体制*」と説明されているのである。

ただその請負期間については、初めは三～五年であったが、一九八四年には一五年とされ、その後一五年たったところではさらに三〇年延長となったのであり、戸別経営の側面が強化されたのであった。

ではこの段階で、なぜこの仕組みがそれほどまでに重視され、焦点を当てられたのであろうか――。

それは、人民公社体制という集団化の歴史を振り返ってみたとき、農村が困難に直面するたびに、この「包産到戸」という在り方が各地で繰り返し提起され、ところによっては実施され、そこでは農民の生産意欲が高まって事態を改善したという実際の体験が記憶されていたからである。そして、前章でも述べたように、この時、国家農業委員会**副主任として農村体制改革を立案し、以来少なからぬ反対の声の中でもその

＊＝集団による統一経営と家族による分散経営を結びつけたものという意味で二重経営制ともいわれる。[2]

＊＊＝国家農業委員会は、党中央および国務院の委託により農村工作の任務を処理し、各省、市、自治区の農業委員会および中央各部門の工作を指導した機構であり、実務の中核であった。

実現を目指してきた杜潤生が、ここに着目した理由を以下のように説明しているのである。

杜潤生によれば、農村改革の実をあげるためには、何よりも第一に農民の積極性が必要なのだという。そして積極性を喚起するためには、まずは人民公社体制による束縛から一定程度農民たちを解き放つことが必要であり、現実の農村で、歴史上、何が農民たちの積極性を喚起したのかをみると、その鍵は「自留地」なのであった。であれば、もし自留地を普及させることができれば、あるいは農村経済を困難な状況から脱出させることができるかもしれない――現行の集団化は両極分化を抑えることはできても、このままでは人々に貧困という苦しみを耐えさせることになる、やはり別な道が必要だと考えた、というのである。

私は一九五六年に公有化は時期尚早だと考えて中央から批判され、農業政策遂行の場を離れたが、それでも常に農業に関心をもち農村を観察してきた。そしてその時、最も強い印象を与えられたものが自留地のもつ増産効果であった。わずか〇・二畝の自留地が一畝の集団農地の収益に等しく、そこで食糧作物を栽培した場合の生産量は少なくとも倍あるいはそれ以上だったからである。

農民に土地を持たせ、そこに市場関係、商品関係を存続させ、自由な発展の機会を与えるならば、それは生産力の発展に有利であり、社会主義への移行にも有利だ。その形が「包産到戸」であると思われた。（『杜潤生自述』[3]）

この観点こそ、改革開放へと向かう移行期の本質を示すものであったといえよう。だが他方この点は、集団経済という人民公社体制の支柱そのものに関わるものであり、政治的にも敏感な問題であったため、この方向を政治の場にのせ、政策として実現していくには、なおも充分慎重でなければならなかった。そこで杜潤生が実際にとった方法は、以下の三点に配慮したものであった[4]。

①現実の場では、人民公社制度の放棄は提起せず、あくまで現今の制度の内部で行なうとしたこと。②その進め方は、一律主義を避け、その地その地の状況を考慮して農民たちに多様な選択の幅を与えるとしたこと。③実施する場は、全体が一度に揃ってではなく、可能な地域から段階的に行なうとしたこと、特に甘粛《かんしゅく》、内蒙古、貴州、雲南などを始めとする貧困地区から試験的にやってみようとしたこと、であった。

これは、杜潤生が各地で起こっているさまざまな動きをよく知り、それらを整理し、筋道をつけ、さまざまな配慮を行ないつつ望ましい方向を醸成していったことを示している。そうした中で、ついに二〇余年続いてきた人民公社体制が解体されていったのであった。

そこで以下には、その曲折にみちた経緯を、まさに実務の渦中にいた杜の体験を軸として時系列で辿ってみることとしよう。

1．まず一九七八年一二月、第一一期三中全会の決議によって設置された国家農業委員会（主任＝万里）において副主任となった杜潤生は、胡耀邦《こようほう》（中央政治局委員、のち党主席、総書記）にこの「包産到戸」の話をした。杜によれば、胡耀邦は根っからの開放思想の人であり、農業改革に積極的であったからである。そのとき杜は、この方式が一部地域で試行されていること、*その結果その地では食糧が増産されていることを話し、この問題を中央で切り出してもらえないかと頼んだ。すると胡耀邦は、今はまだ小農経済の復活はよくないと言い、現時点で問題提起することには賛同しなかった。「小農経済の復活」には、まだまだ抵抗感が強かったのである。[5]

2．続いて一九七九年三月、杜潤生は「七省三県の座談会」（広東、湖南、四川、江蘇、安徽、河北、吉林等七省と三県）を主宰し、初めてこの問題を討論の場にのせた。すると安徽省から、それはすでにかなり広まってきており、省内では生産隊総数の一一％がやっていると報告され、これに対しては、広東省や四川省からも共感が表明された。**ただこの席では、なおも反対の声が高く、李先念《りせんねん》（中央委副主席）は「それは提起すべきではない。中国では戸別経営を数千年やってきたが、まだ貧乏なままではないか」といい、華国鋒も広い中国の多様性には配慮して「深山や僻遠の地域では許可してよい」としたものの、やはり互助合作は必要であり、非集団化を打ち出すことはよくないと反対した。ただ鄧小平は、そのような中でも「問題は沢山あるので必要なものから解決すべきだ」と言い、貧困地区に対しては政策を緩和してもよいのでは

---

*＝安徽省鳳陽県小崗村。一九七八年、この地で他に先駆けて農家生産請負制が行なわれた。そこでは、導入した幹部がもし逮捕されたら、その子供は村の皆で育てるという約束がなされていたという。

**＝一九七九年、上記安徽省鳳陽県でさらに試行され、それが広まったもの。

ないかと述べて請負制導入への伏線を敷いた。こうして一部地域にせよ「包産到戸」が認められたことは、「思想が解凍され、聖域が開かれたことだった」と杜潤生は述べている。[6]

3. 次に一九八〇年九月、「省・直轄市・自治区第一書記座談会」が開催された。これは胡耀邦が主催し、華国鋒、万里なども出席した会であり、まさに「包産到戸」がテーマとなったのである。だがこの時の会議資料を起草した杜潤生の予想に反して、会議出席者の大勢は、こうした戸別農家の請負制はあくまで貧困地域の問題であり、これを拡大解釈して各地に蔓延させてはならないという意見であった。それは会議に参加した人の多くが、かつて毛沢東にしたがって共に戦った老同志だったからであり、彼らは「晩節を汚したくない」という心情でそう表明したのだという。そのため杜は胡耀邦や万里と相談して、改めて「七五号通達」(「農家生産請負制をさらに強化し完全にすることに関するいくつかの問題」)を起草した。その骨子は、①これは「温飽問題」(生きるに必要な衣と食の問題)を解決するための措置である、②どこにおいても農民大衆の自由な選択であれば承認すべきだ、③その際には一つの方式をもって強制してはならない、というものであった。そしてこれが、その後の農村改革の道を切り開くものとなったのである。それは「全体に強制しない」という条件を付けながらも、現行の人民公社体制に代わる方向性を明示したからであった[7]。

4. その後、一九八〇年末から八一年秋にかけて、各地では農村の実態調査が行なわれた*。その結果明らかになったことは次の三点であった。①改めて農業における戸別経営＝家族経営の意味が見出されたこと。その結果、農業においては各戸による家族経営が他には替えがたい優位性をもっていることが再確認された。また戸別農家による小規模経営でも、今後都市化、工業化が進むなかで農民が大量に転職すれば、規模拡大も可能だという見通しが得られた。②農地の請負については、農民たちが平均的請負を希望しているとわかったこと。中国は農地が少なく、人口が多く、他産業への就業機会も少ないので、やはり公平を旨とし、あまねく人々を安定させることが必要なのであった。③農民たちが心情として自主、自由を求めているとわかったこと。要は、彼らに自由を与え、自主的に生産要素を配置させれば、彼らは

＊＝杜潤生らが山東、河南で行なった調査。国家農業委員会が行なった一〇〇村調査。国務院農村発展研究センターが行なった定点サンプル調査などがある。

わずかの時間も工面して潜在的な生産力を掘り起こすことができるとわかったのである。こうして以上の三点は、「包産到戸」を導入するにあたって、信頼するに足る確固とした考え方の基盤を用意するものとなった。[8]

5．以上の経緯を経たうえで、一九八一年一〇月、国務院主催の農政に関する拡大会議の席上、杜潤生は「思い切って」以下の三点を話した。①集団経済はすでに維持が難しい状況に至っている。今農民に自由を与えなければ、政府が出す救済食糧、救済金はますます増えるのに、貧困農家はますます増大することになるだろう。②社会主義の目標は共に豊かになることであって、共に貧しくなることではない。現状は、生産量の増加が非常に緩慢で、農民の生活がかろうじて糊口をしのぐだけの有様である。さらに都市民も恵まれているとはいえ低賃金であり、そのため農産物を低価格にしなければならない状況だ。③「包産到戸」とは「公有の農地、戸別農家による経営」なのである。農業は、工業とは異なり、自然と経済の再生産が結合しているものである。したがって臨機の対応が必要であり、現場における意思決定と細心の世話こそが大切で、遠くからの操縦や命令ではダメなのだ。

この講話に対しては、薄一波（国務院副総理）が賛成を表明した。そして杜潤生自身、この頃から、中央や地方の諸機関、合作社、解放軍、党学校などから招かれて、この問題で講話をする機会が多くなったということである。[9]

以上、こうした段階を経て、八〇年代に入ってからの農村改革の状況は、全国的な大動員というより、各省、市、自治区それぞれが、地域の状況を勘案し、自分たちの理解に基づいて「包産到戸」という請負制をとり入れ、改革を進めるという形が多くなった。そして、そうした各地の実例が、まず省内で、次いで中央にも報告されると、中央の幹部たちも徐々に認識を改めていった。それはこの形が、長年の論争に終止符を打ち、党中央の正式な政策となったことを意味するものであった。そして遂に一九八二年、「包産到戸」を実施することが「中央一号文件」(以下「一号文件」)の主題となって全国に通達されたのである。しかも、折しもこれをみた胡耀邦が、今後は毎年農村工作について戦略的文件を一つつくり「一号文件」にしていこうと提案した。これがこの後五年間(一九八二〜八六)にわたって、農村問題で「一号文件」が出されることとなった理由である。そしてこの形をとったことでこの政策は、全国各省各地においてあまねく実施されることとなった。

しかし重要なことは、ここから始まる農村経済体制改革が、この「包産到戸」（農家生産請負制）というミクロ経済主体の改革のみで孤立して進められるだけでは不十分で、その他の関連する制度と連結され、マクロ経済ともいうべき社会全体の制度環境と共に推進されなければならなかったことである。そしてその具体的な過程が、良きにつけ悪しきにつけ、一九八二年に始まった五編の「一号文件」の歴史の中にみられた。そこで、以下にそれを辿っていくこととしたい。

3　「中央一号文件」の策定と通達

「一号文件」とは、一般に中共中央および国務院がその年発出した文書の中で、最初に出された重要な通達のことである。*したがって、当然のことながら、その始まりは建国の日一九四九年一〇月一日に発せられたものであり、その後は毎年年初の通達をそのように呼びならわしてきたのである。だが今日の中国において「一号文件」というと、それは特に、ここに取り上げる一九八二年〜八六年の農村改革をテーマとした五編と、そこから一八年たった二〇〇四年に始まる「三農問題」に関するものを指す。

それは農村問題が、改革開放を目指すこの国にとって、なおも「重中之重」（重要中の重要）と認識され、「一号文件」の名のもとに全国的にその対処が呼び掛けられてきたからであった。

さて、以下に取り上げる五編は、いずれも前年にテーマが設定され、秋に政治局などで討論されて案文が起草され、翌年の一月に全国に向け通達されたものである。すべての起草の中心であった杜潤生によれば、最初の「一号文件」については、事前に草稿を鄧小平と陳雲に送って意見を求めたという。すると鄧小平は直ちに「完全に同意する」とサインをし、陳雲も「積極的に支持する」と表明した。そしてこの「同意」と「支持」とが、この後の改革の推進に当たって決定的な力になったと杜は述べているのである。[10]

＊＝最初の発出者は中共中央のみで、国務院が共同名義となるのは八五年からである。だが、中国では党と行政が不可分の関係にあるところから、この形は党が決め行政府が直ちに執行することを示すもので、最も強い力を持つものとされている。

1　一九八二年一月の「一号文件」：「全国農村工作会議紀要」*

最初の「一号文件」は、全国農村において「包産到戸」が大いに歓迎されている状況に鑑み、この方法を正式に肯定し、それが「長期にわたって不変」であることを明記したものであった。当時、多くの地域で農民たちが最も心配していたことは、党の政策がよく変わることであったから、この通達が「長期不変」を保障したことは、農民たちの精神安定剤になったのである。また、もう一つの要点は、「何事にも大衆の選択を重視する」としたことであって、それは農民たちの気持ちを自由にし、彼らの望む多角経営を可能にする方向に作用して、この後の社隊企業（一九八四年から郷鎮企業**）の発展を進めるものとなった。そして、この結果一九八二年の農業生産はめざましく増加したのである。

2　一九八三年一月の「一号文件」：「当面の農村経済政策の若干の問題」

この「一号文件」は、二つの転換と三つの「少し」を提起したもので、前年の方向をさらに進め、農村を活性化しようとしたものであった。二つの転換とは、①農業を自給自足経済から、より規模の大きな商品生産へと転換させること、②伝統農業を現代農業へと転換させること。三つの「少し」とは、①思想を少し解放する、②改革を少し大胆にする、③工作を少し着実にする、であった。要は、体制の改革のみでなく、農民が豊かになるためには、何を選び、何をするかについて、思想や作風の領域にまでわたって改善しようとしたのである。

実際にこの年は農村改革が大きく進んだ年であった。ほとんどの村に農家生産請負制が普及し、そこでは多種類の商品生産がなされた。農業の商品化率は、前年の五一・

＊＝この「一号文件」は以下の呼びかけと共に通達された。「各省・市・自治区党委員会、各大軍区・省軍区・野戦軍党委員会、中央各省・各委員会、国家機関各部・各委員会党組織、軍事委員会各総司令部、各人民団体党組織各位：ここに『全国農村工作会議紀要』を送る。中央は本通達の基本的内容に同意し、各組織および各位が各地の実際の状況に合わせて、これを貫徹執行するよう希望する。」[11]

＊＊＝これは農村に立地する企業のことで、その経営は郷、鎮、村、集団農家、個別農家などさまざまな主体による。業種も製造業、流通業、建設業、サービス業などいろいろあり、厳格な戸籍制度の下にある農村の過剰労働力を有効に利用する方法として期待された（後述）。それらのうち人民公社時代に公社、大隊、生産隊が経営していたものを「社隊企業」と呼ぶ。

五％から五九・九％へと増大し、総生産額も一九七八年との対比で九〇％増加した。そこではトラクターによる生産や運輸への利用もみられ、この年の農村はたしかに活気を帯びてきたのであった[12]。

このため一九八三年一〇月、党中央および国務院は、翌一九八四年末をもって人民公社の「政社合一」を改め、郷政府を設けると決定し通知した*。ここに「人民公社の時代」は終わりを告げ、大きな歴史的転換が始まったのである。

3　一九八四年一月の「一号文件」：「一九八四年の農村工作に関する通知」

この「一号文件」は、前二文件と同様に戸別農家というミクロ経済主体の問題をさらに進展させたことに加えて、もう一つの発展の契機ともいうべき「市場」というマクロ経済の問題を提起したものであった。

まず前者の戸別農家の問題としては、農家生産請負制の請負期間を一五年としたこと、その期間内の使用権の有償譲渡を認めるとしたことに加えて、農民が株式制によって共同事業を起こすことや労働者を雇用すること、あるいは耕作から離脱した農民が労働者になったり商売をしたりすることが認められた。

そのためこの年から、農業のほかに各種商売や製造業を専門的に行なう農戸が出てきて、その中からは年間売り上げが一万元を越えるものも現れた。「万元戸」という名称が生まれた所以である。またそれは、この年、郷鎮企業が大きく発展した理由でもあった。

なぜなら郷鎮企業はその工業力をもって農業を援け、機械化を促進し、農民たちがそれらの企業で働くことによって、今後大都市へ出稼ぎに行かなくてよいという「離土不離郷」（農業を離れても郷里を離れない）政策を進めるものとなったからである。郷鎮企業の発展はめざましく、同年には一六五万社、従業員三八四八万人であったものが、八八年には一八八八万社、九五四五万人となり、数年にして一億人近い雇用者を受け

＊＝「関于実行政社分開建立郷政府通知」。この結果、一九八四年をもって人民公社が終焉し、九万二〇〇〇余の郷鎮政府が成立した。同時に八二万余の村民委員会が成立した。ただしこれらの数はこの後合併などにより変化しており、特に二一世紀に入ってからは郷鎮機構の改革が進みおおむね半減して四万一〇〇〇となり、その下で村民委員会数も減少の一途をたどり、二〇一七年、五五万四〇〇〇となっている。

入れるところまで成長したのであった*。

　次に後者の市場という問題としては、流通の自由化や商品生産の発展のために輸送、貯蔵、加工を改善することが提起され、村に倉庫や大型冷蔵庫をつくること、水陸の交通運輸を発展させること、農民のための商業機関をつくりそこで生産物の買入れ、加工、販売を行なうことが提言された。そして以上三年間の「一号文件」に盛られた改革によって、この年全国の食糧生産は大きく増進し、史上最高の額（四億七三〇〇万トン）に達したのである。この額は人口一人当たり三九二キロに相当し、当時求められていた「四〇〇キロ水準」にほぼ達するもので、顕著な成果というべきものであった。一九七八年以来の農村改革は、この年までに全体として見るべき結果を残したということができる。

　ところが、あえて言えば、食糧生産額はこの年一九八四年がピークで、翌八五年からは減産となった**。その理由は、「包産到戸」＝農家生産請負制がほぼ全国に行きわたり、これまで農民たちの生産意欲を刺激してきた改革の効果が頭打ちになったことが第一であり、第二には、農産物の流通や販売の問題の解決がなおも不十分であったからである。

だが、「流通や販売」の場に踏み込むことは、都市の問題や工業の問題に手を付けることであり、より大きな社会体制の改革が必要であった。そこで両々あいまって、翌八五年からいよいよ「統一購入、統一販売」政策について、その解消の方向が模索されたのである。

4　一九八五年一月の「一号文件」：「農村経済をさらに活性化させることに関する一〇項目の政策」

＊＝また少し先をいうと、一九九三年には二四五二万社、一億二三四五万人となった。さらに、その意味するところを統計によって別の角度からみるならば、農村総生産額における第一次産業（農業）生産額の比率が、一九七八年には六八・六％であったのだが、八七年には四九・六％と五〇％を割り込み、九三年には二七・五％となった。これは農村の産業構造において非農業化＝工業化が進んだことを意味するものであり、郷鎮企業の発展が如何に大きかったかを物語るものであった。[13]

＊＊＝一九八五年は三億七九〇〇万トン、八六年は三億九一〇〇万トン、八七年は四億余万トン、八八年は三億九四〇〇万トン。そして八五年から中国はそれまでの食糧輸出国から輸入国に変わったのであった。

この年の「一号文件」は全一〇項目からなるが、その第一項には以下の記載がある。

・今年から、国は農民に対して農産物の「統一購入」や「割当購入」の任務を下ろさない。

・食糧、棉花は「統一購入」を撤廃して「契約購入」に改める。

・豚、水産物、大都市の野菜等は徐々に「割当購入」をなくしていき、自由に市場に参入して自由に売買し、相場と品質で価格を決定する。

・如何なる単位といえども二度と農民に対して生産計画を命じてはならない。

（「一九八五年中央一号文件」[14]）

これは、この年ついに「統一購入、統一販売」制度の改革が始められたことを示している。

「統一購入」とは、第一章で述べたように、建国直後のこの国が、重工業の発展と都市住民の生活を維持するために一九五三年に導入した制度で、農村における食糧の購入に当たっては、分量、価格などすべてを国が管理し、農民から独占的に買い上げる仕組みであった。そして各地はこの食糧計画を達成するために、たとえ適地適作を損なう場合があっても、全農民に対して必要な播種面積を強制してきた。

他方、ここで新たに提起された「契約購入」とは——たとえば食糧についていえば——初めに国の商業部門がその年の需要と産出額を予測して必要な総契約量を決め、そこから計算して各地に必要量を通達し、次には各地の商業機関が各農家に一定額を割り当てて契約を結び、買入れを執行するというやり方であった。そしてその際の購入価格は、これまでよりも約三五％値上げするとされ、さらに超過達成の場合には、より高いプレミアム価格で買上げるとされた。ここからは、この年、改革の最重点が食糧や農産物の流通販売問題におかれていたことをみてとることができる。*

ただし、この後の実態をみると、この流通販売改革が農民たちにとって十分に好ましいものであったとは限らない。農民たちは自由化によって生産資材が高くなったため、食糧生産では利益があがらなくなり、すでにして食糧生産離れを起こしていた。

*＝なおこの一号文件のその他の項目としては、林業の発展、交通の振興、郷鎮企業への支援、技術の進歩促進、人材交流の奨励、小城鎮建設の強化等が提起されている。

また、食糧を超過買上げした場合、農村ではプレミアム付きで買取るとされたが、都市では——相変わらず——従来からの価格で配給されたため、その価格差が国側の負担となり、国は財政負担に耐えきれず農村におけるプレミアムを往々無視したのである。そのためすでに集団の束縛から脱していた農民たちは一層食糧生産を見限った。さらにそればかりでなく、むしろ出稼ぎや商売をよしとして農村から出ていったのであり、この事態もさらなる食糧生産の低迷を招き、農村の問題を大きくした。そして危機感を感じた政府は、再び流通への関与を強め、作付けにも関与し、義務化するところまで現れたのである。こうして、この年に始まる「契約購入」の意義は一年もたたぬ間に減退していったのであった。

5　一九八六年一月の「一号文件」：「一九八六年の農村工作の配置」

一九八六年の「一号文件」は、一九八〇年代に出された農村改革に関わる「一号文件」の最後の一編となったものである。全体を通観するならば、それはなおも国民経済における農業の位置を問い直し、正しく位置づけようという強い問題意識をもって記されている。そこでは、農業は人々に食糧を提供する産業であるがゆえに国家や社会にとって安定団結の経済的基礎であると定義づけられ、にもかかわらず現実はなおも脆弱な産業であり、自然災害への防御態勢や市場参入への力もまだ弱いので、強力な支援システムをつくることが必要だと主張されているのである。そして特に注目すべきとされているものは、近年とみに発展してきた郷鎮企業の存在であり、それは今や二〇〇〇億元相当のものを生産し、六〇〇〇万の労働力を雇用する強大な生命力をもっているので、その納税分を農業支援にあてるようにと建議しているのである。またその他にも資金や技術の側面で農業支援を行なうよういくつかの提言を行なっている。

だがしかし、結果からいうならば、これまで農村改革を目指してきた「一号文件」はこの年をもって終了した。改革の主役が都市に移ったからである。

後に、杜潤生は一連の歴史を振り返って、以下のような感慨を述べている。

改革がスタートした初期段階では、まず「包産到戸」をはじめとするいくつかの問題を解決して農民を落ち着かせた。…だが、中国農業の更なる改革は、都市の国有経済の改革と政治体制改革に抑えられてしまった。当時使われた言葉でいえば、農村改革に対しては、一切の「安上がり」の方法は使いきってしまったのである。…こうして初期の一連の「一号文件」の歴史的使命は一段落となったのであった。

（『杜潤生自述』[15]）

このようにして、一九七八年以来、時代を牽引してきた農村改革は、八〇年代後半の時点で「一段落」となり、都市の改革にその場を譲った。

だがここで一言するならば、この直後の一九九〇年代前半に行なった華北農村調査の際、訪れた村々が、上記のような改革開放の時代を経て、まさに変貌しはじめ多様化の道を辿っていたことを思い出す。内陸に位置する村はたしかに豊かにはなってきていたものの、未だ農村そのものであった。しかし大都市近郊の村はすでに大きく変化をとげ、たとえばそこではわずか一一名の農民が規模経営農業に携わっていたのみで、他の村民はすべてが近くの企業や工場や商店に出勤する生活を営んでいた。かつて計画経済の下では、ほぼ一様であった村々が、この一〇年余の間に、その立地する位置、自然条件、国の政策とその際の幹部の選択、郷鎮企業の存在などによって大きな違いをみせていたということである。そして、この時期から始まるその違いの特徴は、バラツキ――発展したところと取り残されたところの差――が年々大きくなっていったことであった。それは以下の都市の問題とも対応するものであり、解決すべき深刻な諸課題をもつものであったということができる。

4　都市の改革と対外開放

一九八四年一〇月、第一二期三中全会は、「経済体制改革に関する決定」を採択し、「今後の政策の重点は都市の改革におき、工業、商業の改革を行なって、社会主義商品経済を発展させなければならない」と表明した。その背景あるいは改革の理由については、同じ一九八四年一〇月に内外経済協力シンポジウムで語られた鄧小平の談話が参照される。

我々の政治目標は、今世紀末までに経済を発展させて四倍にし、国民総生産を一人当り八〇〇ドルにして人民の生活を「小康」（まずまずのゆとりのある暮らし）水準にすることです。この目標は先進諸国にとっては取るに足りないものでしょうが、中国にとっては壮大な志であり、偉大な目標です。…国内の活性化についてはまず農村から着手しました。中国では八〇%の人口が農村にいるからです。現在のところ、それら一連の農村改革は成功しています。そこで我々は都市の改革を始めました。…都市は農村よりもはるかに複雑で、工業、商業、サービス業を含み、さらには科学、教育、文化などの諸分野を含んでいます。しかし我々は農村改革の経験から、都市改革も立派にやれると自信をもっています。…また我々は対外的な経済開放も提起しました。門を閉ざして建設したのでは成功しません。中国の発展は世界から離れられないのです。
（鄧小平「我々の壮大な目標と根本政策」[16]）

こうして鄧小平は、ほぼ一五年後の世紀の変わり目を第一段階の目標地点と定め、その時点で人々が「小康」の生活を基本的に実現するためには、これからは都市に関しても「改革」と「開放」が必要だとしたのである。

では、実際にそれはどのような形で行なわれたのであろうか――。

一九七八年に始まる中国の体制改革については、一般に二段構えの移行が必要であったとされている。それは、改革の過程が、①これまで長く計画経済の下にあったシステムを新体制に適合するよう順次改造していくこと、②これまでにはなかった新しい改革期のシステムをつくり出し、新体制の構成要素として定着させていくこと、なのであった。したがって、これを都市に即して言えば、それは、①これまで都市生活そのものであった国有企業を改革していくこと、②八〇年代に入って行なわれた「経済特区」の設置など新しい政策を進めていくこと、であったといえよう。そこで以下には、この二点について順次みていくこととする。

国有企業の改革

都市における改革は、まず国有企業を対象として始められた。しかもそれは、鄧小平が農村改革の経験に言及しているように、農村で行なわれた農家生産請負制の導入に学んで、第一には、過去三〇年以上専ら国家の指令に委ねてきた企業経営について、一定の権限を各経営主体に引き渡し、その裁量に任せるとしたのであり、第二には、そこであがった利益は、すべてを国家に上納するのではなく、一部を企業内に留保してよいとしたのであった。これが当時の言葉で「放権譲利」といわれるものである。「放権譲利」とは、これまで計画経済の下で国や政府が独占してきた「権」限を地方の政府や個別の企業に「放」出し、併せてその「利」益を「譲」ることであった。それは所有制の改革ではなく、いわば部分的な民営化といってよいであろう。その結果一部大企業あるいは中企業では経営請負制が実施されて経営者のもつ権限と責任が明らかにされ、同時にその内部では働く労働者の意欲のために企業の利益からボーナスが支給されるようになった。また小企業では、そのまま売り渡されたり、リースされたりした。そしてその過程では、企業形態についてもさまざまな形が可能となり、たとえば文革期に農村に下放され、その後都市に戻った知識青年に対しても、個人経営や小商売を行なうことが認められ、規模についても個人営業主は、必要な場合「一人あるいは二人の手伝いを頼んでよい。特別な技術をもつ場合は五人まで使ってもよい」となり、さらに雇用者八人までが認められて、それが個人企業と私営企業を区分する分かれ目となった。そして、こうした私営企業の合法化を基として、一九八七年の第一三回党大会は、さらに市場重視の方向を強め、個人経済や私営経済の発展を進める方針を提起した。こうして法制化も進み、都市は諸々の企業の存在によって活気を帯びてきたのである。

だがしかし、会社形態のこうした多様化は、必ずしも都市の状況を充分に改善するものではなかった。九〇年代以降になると、国有企業そのものの業績がむしろ不振となり、同時期にめざましく発展してきた郷鎮企業との対比で、一層の改革が求められることとなった。そして、そうした不振が何に起因したのかといえば、それは一九五〇年代以来ずっと続いてきた都市における国有企業経営のある特徴によるものであった。

「単位」であることの問題点

この時点までの国有企業経営の特徴は、企業自体が従業員を家族の生活まで含めて丸抱えする「単位」として機能してきたことであった。その特徴は、従業員にとってみれば、賃金は低いがその他の待遇が「安心」なことであったといえよう。第二章で述べたように、都市に位置する各企業は、従業員に対して給与のみならず、生活に必要なさまざまなものを提供したからである。

振り返ってみれば、まずそれぞれの企業は社宅ともいうべき住宅を準備した。次いで、食糧キップを含めて一定の食料を提供し、同地域には子供たちのために幼稚園や小学校を設置した。従業員や家族の休日のためには映画館をつくった。また病気に備えて病院を配置し、生涯の安心のために手厚い年金を用意した。

そのため、働く労働者、従業員にとってみれば、この勤務先は意を安んじて一生を過ごすことができる小宇宙であったということができる。ただし経営の側から見れば、それらは常に維持していくべき責任を伴う大きな負担であった。そして、そもそもの出発点がこのような態勢であったため、たとえ経営の過程で労働力に余剰が出ても、容易には人員削減を行ない得なかった。しかも国有企業は産業部門でいえばエネルギーや鉄鋼など重工業部門が多く、それらは政府の全面的関与の下にあったから、経営に問題が出たからといって直ちに製品価格をひきあげることは困難であった。そのうえこの国では、企業の資産価値が増えるか否かは、経営者にとっても従業員にとっても、ほとんど関心の対象ではなかったから、生産効率を上げることや、製品の価値を高めることには、さして努力が払われることはなかったのである。

だが、そうした中で行なわれた「放権譲利」は、農村の自留地と同じく、利益が経営者にも労働者たちにも直接及ぶ形をつくるものであった。そのため、企業の経営状況は次第に関心の対象となり、利潤追求の動機を高め、生産性向上や生産拡大をめざす契機となった。また他の企業との競争にも関心を向けることとなったのである。

だがそうした中、都市国有企業のシェアは、発展してきた非国有企業との競争の中で年ごとに減退した。試みに統計をみると、一九八〇年の工業生産総額における国有企業の割合は七六%であったが、八五年には六四・九%となり、九〇年には五四・六%となり、九三年には四七・〇%となったのであり、その反面で郷鎮企業や個人企業、そして九〇年代からは外資企業のシェアが伸びたのである。[17] これがまさしく国有企業の改革が必要とされた理由であり、同時に改革が困難であった理由であった。

では、当面どのような改革が求められたのか——。

それは、日常的な取り組みから言えば、企業全体がより一層経営努力をすることであったというほかはない。それは、従来の計画経済の時代には当然視されていたことだが、たとえば、現実の需要の動向を十分把握することなく、決められた計画に沿って生産を進めることで不足や過剰の問題を生み出していたこと、つまり重工業製品は過剰に生産されるが、反面家庭用品や軽工業製品はとかく不足であったこと、あるいは製造工程にみられる非効率を放置したまま生産を続けていたこと、また「鉄飯碗は壊れない」として労働意欲を示さない従業員もそのまま働かせていたことなどの旧い体質を改めることが求められたのである。したがって、農村と並んで都市の改革が必要とされると、そこではまず国有企業内部の改革が俎上に上ったのであった。

こうして現実を見るならば、企業の国家依存体質は十分には拭えず、そのため九〇年代に入ってからは、企業自体の在り方や国の管理体制の改革が必要とされた。それが企業の株式会社化であり民営化であったといえよう。また国の管理機構を改めて行政権限を持たない部門（国有資産運営機構）に移すことであった。

すでに全体を見渡してみれば、時代はすでに市場経済を完全に是とする段階に入り、九二年の鄧小平による「南巡講話」を基軸として、「すべての判断基準を生産力、国力の増強、人民の生活の向上に有利かどうかに置く」段階となっていた。それは個々の現象、個々の事態について「資本主義に属するのか、社会主義に属するのか」という名目にはこだわらないものであったといえよう。また中国のような広大な国では、先発地域がまず豊かになって後発地域を先導し、最終的に共通の豊かさに至ることが現実的だという「先富論」の受入れでもあった。こうして時代が市場経済へと移行する中、国有企業についても企業の経営権を保障すると共に、国有資産の価値を維持しようという段階となったのである。

対外開放政策の展開1　経済特区等の設置

では次に、改革開放期のもう一つの主要動向である「対外開放」についてみておこう。対外開放とは、それ以前の鎖国にも似た状況を転換して、一に国内に新たな体制を整え、二にその新体制を通して対外貿易を振興しようとしたものである。

まず前者の「対外開放」からみるならば、一九七八年に始動し、八〇年から具体化されたその政策は、東南沿海の地に特別措置を行なう窓口となる地域を設定したもので、その目的は、海外資金の導入や製品の輸出による外貨獲得、あるいはその窓口を通して先進的な技術や経営管理のノーハウを知ることであった。

その最初の試みは、一九八〇年に四地域からなる「経済特区」を定めたことである。そしてそれが、深圳《しんせん》、珠海《しゅかい》、汕頭《すわとう》(以上広東省)、厦門《アモイ》(福建省)であったことは、間違いなくその後の香港あるいは台湾との関係を見通した賢明な選択であったといってよい。[*]なぜならこれらの四地域は、地政学的にみても台湾、香港、マカオに近く、そ

＊＝なお八八年には海南島が全島をあげて五番目の経済特区に指定された。

沿岸開放地帯

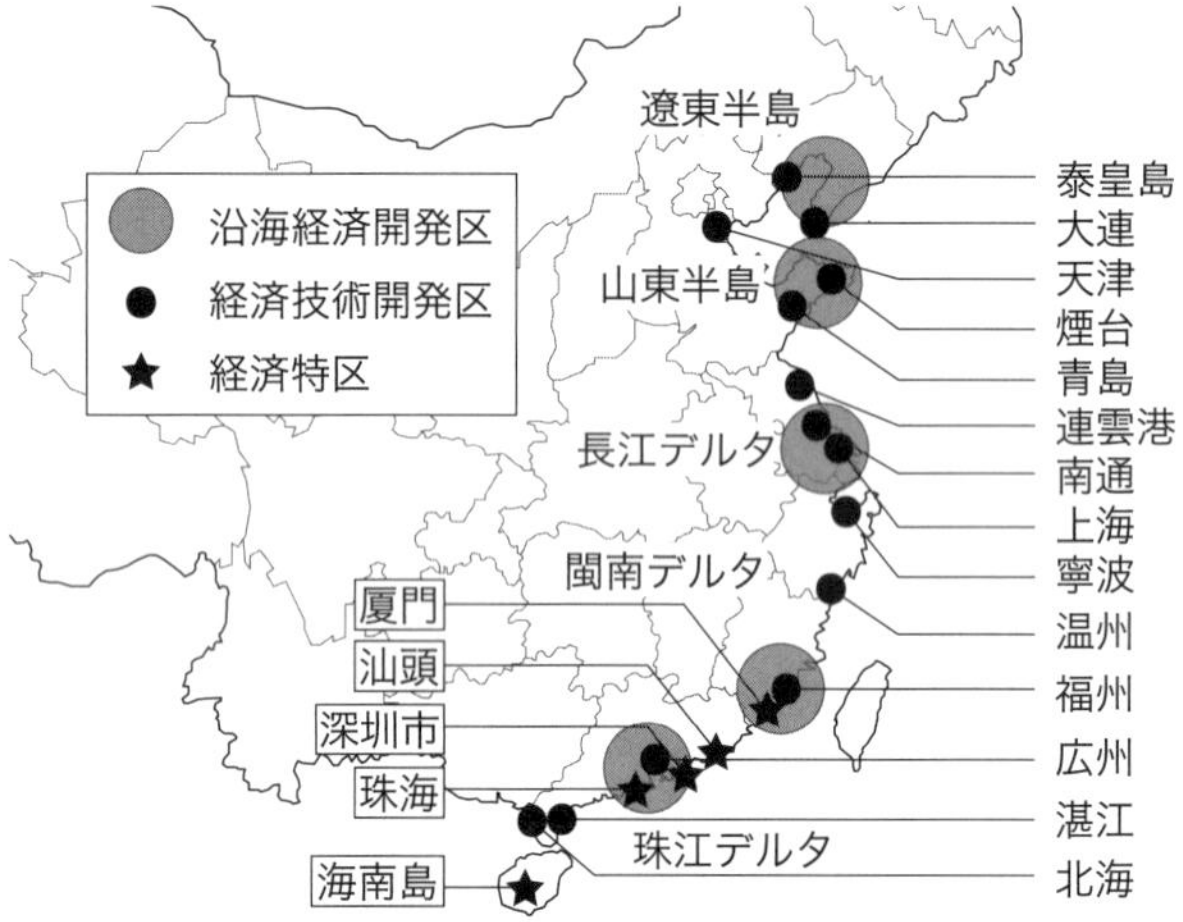

れらアジア有数の発展地域と、人的なかかわりの上でも、言語の親近性によっても、また歴史上の関係性からいっても深い繋がりがあったからである。中国が今や対外開放政策をとって経済発展をめざす以上、そうした国外の発展地域と改めて関係を深め、その華僑資本を導入することは、必要不可欠だと考えられたにちがいない。* その点については、同政策を推進した鄧小平の一九七九年一月一日の発言を聞いてみよう。

今日は一九七九年の元旦だが、この元旦はいつもの平凡な元旦と同じではない。同じでないという訳は、以下の三点でこれまでとは異なっているからである。①我々は全国工作の重点を四つの現代化建設におくこととした。②中米関係はすでに正常化を実現している。③台湾を祖国に復帰させ、祖国の統一を成し遂げる大業がすでに具体的日程に上っている。

（鄧小平「解決台湾問題、完成祖国統一大業提上具体日程[18]」）

今日から見るならば、この③の発言はまったく楽観的に過ぎる。だが、当時すでに改革開放に舵をきり、台湾との統一をも視野に入れていた鄧小平にとっては、こうなった以上、一日でも早く台湾や香港と交流を始め、経済関係を発展させ、相互の経済レベルを近づけておきたいと考えたのであろう。そこで上記四特区には外国企業の進出を認め、進出した企業には法人税を安くし、原材料の輸出入に関わる関税は免除し、そのうえで企業の自主権を保証したのであった。すると外国企業は、果たせるかな安価な労働力を求めてこれらの特区に生産拠点を移してきた。折しも香港では人件費や

＊＝ここに「経済特区」と指定された四地域は世界に広がる華僑の四大出身地である。

不動産価格が高騰していたから、労働集約型企業は多くが香港を脱して深圳特区へと移転し、それは深圳一帯に広大な雇用機会をもたらした。各地からは職を求める労働者が集まり、こうして、かつて長閑な農村であった深圳は、特区となったことによって、二〇世紀末には七〇〇万という人口を抱える大都市に変貌したのである。*

そして、こうした経済特区の成功の上に、次に八四年には一四の沿海港湾都市——大連、秦皇島《しんのうとう》、天津、煙台《えんたい》、青島《チンタオ》、連雲港、南通、上海、寧波、温州、福州、広州、湛江《たんこう》、北海——に開発優遇措置をとる「経済技術開発区」が設けられた。これらの都市は北の遼寧省から南の広東省まで、すべて海岸線に沿って位置しており、その結果中国には南北を縦断する開放地帯のライン（線）が形成されたことになる。そして、さらに八五年からは、それらのいくつかの都市から拡がりを持つ長江デルタ地帯、珠江デルタ地帯、福建南部地帯（閩南《ビンナン》デルタ地帯）が、輸出向け農産物の生産基地として開発を進める「沿海経済開発区」に指定された。

こうして対外開放の歩みは四つの地「点」から始まって、沿海港湾都市の「線」となり、そこから内陸に向けて広がりを持つ開発区という「面」になったのである。さらに八八年には遼東半島と山東半島を含めた渤海湾周辺都市が開放都市に指定され、続いて九〇年には上海の浦東地区が特別な優遇措置をもつ地域となったのであった。

対外開放政策の展開2　貿易制度改革

さて、以上の特別措置をとる地域を設定して外資を受け入れるという国内体制の整備に加えて、もう一つの大きな対外開放政策の柱は貿易制度の改革であった。

改革開放以前のこの国の対外貿易は、「貿易権」という政府の認可が必要であったため、ほとんど一〇社余りの国営貿易公司がすべてを独占していた。それは国内産業の保護のためとされ、貿易の数量制限、許認可制度、高率関税などが認められており極めて閉鎖的なものであった。だが一九七八年以降、先にみた鄧小平の談話のように「門を閉ざしていては成功しない」「中国の発展は世界から離れられない」となれば、それまでの態勢は改革が必要となり、この機会に国を開き輸出志向の政策をとるべきだとされて、次第に制限を解除することとなったのである。

特に一九八四年からは企業がもつ対外貿易権が拡大され、各企業は自らの生産品を

＊＝そして、二〇一七年には一二五三万人となり、さらにその後も増加をみせている。

扱う輸出入公司を設立することが可能となった。そのためこの段階からは貿易企業が急増して、九三年には貿易権をもつ企業が七〇〇〇を超えたのである。それは、労働集約型産業が中国の持つ豊富な労働力という優位性を利用して、原材料を受け入れつつ生産を行ない、その製品を輸出して外貨を得る加工貿易を行なうことが可能になったからであった。しかも、そうした企業は生産と販売を連携して行なうことにより——衣料を例にとるならば——輸出先からの声が届くことで、次第に品質、色柄、縫製の質などについても時代遅れを改善することができるようになった。

こうして中国の対外貿易は、二〇世紀の一九七八年に始まる改革開放期の二三年の間に二五倍に拡大し、世紀交代期の世界貿易に占める位置を六位と大きく改善したのであった[19]。

5　一九九〇年代の都市と農村

以上に述べたように、中国は、一九七八年の改革開放以来、わずか二〇余年の間に現代化を追求する諸政策を遂行して、たしかに時代を大きく転換させた。計画経済の時代に比べれば、都市においても、農村においても成し遂げた成果は大きく、共に発展の相をみせたといってよい。

その結果、都市においては経済活動が活発になって、より多くの労働力が必要とされ、農村においては、余剰の労働力が働く場を求めて都市へと「盲流」した。*そのためこの間には、労働力移動の問題と、移動に当たってまさに桎梏となっていた戸籍制度の問題が、解決を求めて浮上してきたのである。

労働力移動と戸籍制度

思い返せば、一九五八年に定められた戸籍制度は、半世紀にわたってこの国の都市と農村の関係を二元的に固定化し、以来両者の不平等なあり方をそのままに保持してきたものであった。したがって改革開放期に入って経済発展が進むと、それは発展の阻害要因ともなり、何らかの改革、あるいは変更が求められたのである。

*＝この時期の農村労働力は約四億八五〇〇万人、内一億五〇〇〇万人が余剰労働力であったとされる。また「盲流」とは、許可なしに人が農村から都市へ流入することをいう。

その始まりは一九八四年一〇月の国務院通知「農民が集鎮に移入定住することについて」であった。これは、それまで一定期間集鎮で工業や商業そしてサービス業に従事してきたものが、食糧自弁で申請すれば転籍が認められるというもので、申請者には一定の条件が必要とされたものの、それでも厳しかった制度に変更（転籍）が認められた意味は大きく、画期的な改正とされた。そしてこの後、八五年に決定された「暫住戸籍」（暫住証）の交付も、正式な戸籍の交付ではなく、あくまで出稼ぎ労働者を管理するための臨時的な流動人口の追認ではあったが、それでも、現実の変化を認めた制度上の緩和として、何がしか進展であったと考えられる。またその後各地で見られた地方政府による戸籍の販売も、一九九三年までに三〇〇万余に上ったのであり、これも戸籍制度にわずかながらも隙間をあけたものであった。

こうして、あらゆるチャンスを求めて移動しようとする圧力と共に、制度自体を改めようという機運は確実に強化されていったのである。そのため、この時期から戸籍制度自体にも緩和の傾向がみられ、その下で戸籍を移動した数は、一九九三年には六四五〇万人、九六年には八二〇〇万人を数えた*。

そこで、この時以降、さらに国務院が示した制度の緩和政策をみると、その第一は、一九九八年七月の小都市で行なわれた改革で、農村戸籍を持つ者でも二年以上その都市に居住し、そこで住居を購入したものは都市戸籍を申請することができるというものであった。** また同年八月には、戸籍が都市と農村別々の父母から生まれた子は、どちらの戸籍に入るかを自由に選択できることとなった。これらは、これまでの切実な願いを叶えたもので、小都市においては、不十分ながらも徐々に新しい状況が生まれてきたということができる。だが大都市については、戸籍制度の壁はなおも厚かったのであった。

二元的社会の中の格差

以上戸籍制度の問題には、やや燭光が見えてきたが、ではもう一つ、建国から五〇

＊＝この数は二〇〇〇年には一億五〇〇〇万人となった。[20]
＊＊＝「農転非政策」といわれ、農業戸籍から非農業戸籍に転換することで、かつて文革中に下放された知識人や技術者あるいは学生を都市に復帰させることを契機として始まったもので、こうした中から少しずつ制度の一部が緩和されたのである。

年たった時点で、本書冒頭に提起した二元的社会の問題はどうなったのであろうか。都市と農村における経済的、社会的、文化的格差は、果たして解決の方向に向かっていたのであろうか——。

いま本章を終えるに当たっては、何よりもまずその点に答えなければならない。そこで、ここでは一冊の本を取り上げる。この本は、中国湖北省のある郷の党書記李昌平が、一九八三年から一七年間、折しも行なわれた農村改革の全過程をつぶさに経験した上で、二〇〇〇年春「三か月間迷いに迷った」あげく、時の総理朱鎔基《しゅようき》にあてて手紙を書いたそのいきさつが記されているものである。内容は李昌平がみた農村社会の実情そのものであり、まさしく二元的社会における格差を示すものであった。現場から発せられた言葉は重く、その実態には粛然とさせられる。したがって部分的ではあるが、その一部を以下に引用する。

総理

私は今涙ながらにあなたに手紙を書いております。申し上げたいことは「農民は実に苦しく、農村は実に貧しく、農業は実に危うい」ということです。

春がくると、私たちのところでは、農民がすっかりいなくなってしまいました。現在では老若男女がみな出稼ぎに行きます。……今年の全郷の放棄耕作地面積は三万五〇〇〇畝に達する見込みで全郷総耕地面積の六五％を占めております。

私達のところでは、一家五人で八畝を耕すと一年の経済負担金（請負い負担金、人頭税）は二五〇〇〜三〇〇〇元になります。またこのほかに住宅税、自留地費、水利・災害負担金があり、農民は田地を耕して一畝一〇〇〇斤を得ても、八〇％の農民は損をします。

それでも一九九五年には、約八五％の村に蓄積がありました。現在では約八五％の村が赤字を出し、各村の平均欠損は四〇万元を下りません。……農民の負担金は年々重くなり、村レベルの赤字は年々増加し、郷、鎮の財政赤字は年々大きくなっています。我が郷では如何なる建設もしていないのに税金だけは納めるのです。

一九九〇年に我が郷では、税金で養っていた幹部は一二〇人でした。現在では三四〇人を超えています。しかもこの趨勢は抑えきれません。

かつて農業生産請負制は数億の農民を欣喜雀躍とさせました。しかし現在では、農民は自分が出稼ぎで稼いだ血の滲んだお金を出さなければなりません。負担金は日々増加し、作物の価格は年々下落しています。…町に生まれれば人頭税の負担金はありません。なんという不公平でしょうか。

（李昌平『中国農村崩壊――農民が田を捨てるとき』[21]）

この一連の「訴え」に続けて、李昌平はさらに中央および地方に対していくつかの提言を記し、それから投函した。そしてこの行為によって李自身は大きな嵐に巻き込まれたが、時の朱鎔基首相がこの手紙をまっとうに受け止め支持したため、それは各レベルに波及して、その後の政策に影響を与えた。こうして、未だ解消されていなかった二元的社会の問題は、即二一世紀へと受け渡されたのである。

◉第五章

「反哺」の二一世紀

前章末尾に取り上げた「李昌平の手紙」は、二〇〇〇年三月、建国以来五〇年を経てなおも続いている二元的社会の下の苦しみについて、農村の側から、時の総理にあてて訴えたものであった。そして、朱鎔基首相が実際にこの手紙を取り上げ、調査を指示し、さらにその調査報告を読み、それを中央の指導者たち――胡錦濤（副主席、のち主席）、李嵐清《りらんせい》（副総理）、温家宝《おんかほう》（副首相、のち首相）等――にも目を通すようコメントし、対応を指示したところから、これは政権にとっても喫緊の課題となった。李昌平自身、この時には、「党と国家が、農村、農民、農業の抱える問題（三農問題）を重要視し、関心を寄せているとはっきり感じ取った」と記している。[1] それは時の政権が関心を持たなければならないほど、現実の三農問題が深刻化していたことを示すものでもあったと言えよう。そしてもう一つ、二〇〇二年、杜潤生によって記された以下の文もまた、なおも続く深刻さの例示であったと考えられる。

農民の公租公課負担軽減のため、第一六回党大会に、農民の税負担を五年間免除し、五年後には農民にも個人所得税を実施するよう建議する。農民は、解放戦争で数十万の生命を新中国の建国と引き換え、解放後は統一購入・統一販売制度を通じて毎年四〇〇〇万〜五〇〇〇万トンもの食糧を低価格で国家に提供し、農外人口を養い、工業化を発展させた。だが…現在農民は困難な状況に置かれており、党と政府による速やかな配慮を必要としている。…現在、都市住民の年間所得は六八五九元であり、農民との所得比率は、名目上は二・九対一であるが、実際には五対一に達している。しかも格差は縮小せずに、拡大しているのである。我々は都市と農村の格差を縮小させる措置を講じなければならない。

（杜潤生「農民のための免税を建議する」[2]）

この杜潤生の意見は、建国後五〇年を経て、なおも苦難と格差の下にある農民に対して、二一世紀に入って、すでに一定の経済発展を遂げた政権が、速やかに救済措置をとるよう建議しているものである。そしてそこには、建国以前からの歴史を知るものとして、言わずにはいられない心情をにじませていることが読みとれよう。*

では、この時国政を担っていた江沢民政権（江沢民主席／朱鎔基首相）は、この時代をどのように認識し、ここに提起されている問題をどう解決しようとしていたのであろうか――。

1　江沢民政権期

中国では、何事にも歴史を振り返りつつ事を論ずることが多いが、その点は江沢民政権も変わるものではない。江は、二〇〇一年七月、中国共産党創立八〇周年大会の

*＝杜潤生は、一九一三年生まれであるところから、建国以前すでに劉鄧軍に参加し国内戦争を戦ってきた。そして、李昌平が『中国農村崩壊――農民が田を捨てるとき』を出版したとき、そこに「われわれは農民に借りを作りすぎた」と題する序文を書き、李の見解に賛意を示し支持を表明していた。

席上、記念講演の中で中国近代の歴史を回顧したあと、次のように語った。「アヘン戦争（一八四〇年）から共産党の創立（一九二一年）までと、そこから現代（二〇〇一年）まで、中国は明らかに異なる二種類の八〇年を経験してきた」。そしてさらに言葉を続け「前八〇年は国が主権を損なわれ、戦乱が絶えず、人々は貧しさの中にあった。だが後八〇年は、困難はあったものの、戦いに勝利し、国は栄え、人々の生活や文化は向上した」と総括した。そして、この歴史を踏まえ、歴史に学びつつ「三つの代表」という考え方を提起したのである。[3]

「三つの代表」とは、これからの党が、①中国の先進的な生産力の発展の要求を代表すること、②中国の先進的な文化の進む方向を代表すること、③中国の最も広範な人民の利益を代表することが必要だ、という考え方である。そしてこの「最も広範な人民」とは、従来からの「労働者、農民、小ブルジョア階級、民族ブルジョア階級、目覚めた愛国民主人士等」に加えて、経済が大きく発展した現在では、「民営企業の創業者や技術者、外資系企業の管理者、個人営業者、私営企業のオーナー、自由業者」まで幅広く含まれるとしたのである。要は、現実に多様な階層や職業の人々があらわれてきた以上、今後はそうした新しい範疇の人々をも代表することが必要なのだ、むしろそこに軸足を置く必要があると判断したのであった。

　たしかに江沢民の時代（一九八九〜二〇〇二年）をかえりみれば、そこでは鄧小平による「先富論」のもと、現在の社会は「社会主義初級段階」と位置付けられ、それが長期にわたるとされたことで、規制緩和を中心とした市場経済化が進められ、対外開放が進み、都市が大きく発展してきた。とくに沿海部に位置する都市には高層ビルが林立しはじめ、大型の百貨店やスーパーマーケットがオープンし、さまざまな専門店やファストフード店が連なり、街は日々賑わいを見せるようになった。

　そしてその背景ともいうべき対外貿易については、関税障壁を引き下げ、法体系を整備したことで、さまざまな企業がここに参入し、その結果貿易権を持つ企業は一九九二年には数百であったものが、九六年には一万となり、九八年には二万を超えるほどに伸びを見せた。そのため二〇〇一年一二月に中国が正式にＷＴＯ（世界貿易機関）に加盟すると、中国経済はまったく新しい発展の様相を見せたのである。また外国企業直接投資についても、江沢民政権がこの方式への特恵措置をとったことから大きく発展を見せ、二〇〇二年になると、企業数および投資額において中国は世界一の投資利用国となったのである。* そして「世界の工場」と呼ばれるようになった。**

こうして二一世紀に入ったとき中国では、経済成長が一段と進み、街は格段に華やかさを増した。その中で先の「三つの代表」思想によって都市における企業家は入党が可能となり、各レベルにおいて党との関係を深めた。そしてその活動は一段と活発になり、だがともすれば権力との癒着が問題視されるようになった。

では他方、農村の問題はどうであったのか――。

この点についてみると、江沢民／朱鎔基体制は専ら経済成長を重視し、二〇世紀九〇年代を通して農村の問題を等閑視してきたきらいがあった。[5] だが、先に取り上げた「李昌平の手紙」に対する朱鎔基の対応もあり、遅ればせの対応ではあったものの、二一世紀に入ったころから、同政権も農村問題への関心を強く示すようになったとされる。まず二〇〇一年には、戸籍制度の改革が取り上げられ、同年末には、広東省から戸籍を実際の居住地で登録する試みが始められ、それは次第に各地の中小都市にも波及していった。そして、二〇〇二年一一月の第一六回党大会においては、江沢民が大会報告を行ない、その中で、「農業の基礎的地位を強め、…農業および農村経済構造の調整を行ない、…食糧生産能力を高め、…農業の市場競争力を強化し、…県域経済を拡大する。また農村の余剰労働力を非農業部門に移すことで中国の特色ある都市化をはかり、…長期にわたって農家生産請負制を堅持し、…農村金融を改善し、…税費改革を進め、…農民の負担を軽減し、…農民の利益を保護する」と大きな構想を述べたのである。[6] だが江沢民政権はこの時をもって交代することとなり、実際の対応は次の胡錦濤政権へと引き継がれたのであった。

2　胡錦濤政権と「三農問題」

三農問題と再びの「中央一号文件」

胡錦濤政権（胡錦濤主席／温家宝首相）の始まりについては、何をおいても「三農問題」との関わりについて述べておかなければならない。

＊＝呉敬璉は、この点が意味を持ったわけは、資本の獲得に加えて技術や管理手法がとりいれられたことであり、それはこの後の中国経済の発展に大きく寄与したと述べている。[4]

＊＊＝当初その意味は、おおむね「委託先工場」といういささかマイナスイメージのものであった。だがその後は、一〇年を経ずしてその域を越え、自律的な発展をみせることとなった。

三農問題とは、農村、農民、農業の置かれている深刻な問題状況を総括する言葉である。今でこそ、その内実や淵源については七〇年代にまで時代を遡って取り上げられたり、その対策が語られたりしているが、そもそもこの言葉が提起されたのは、一九九〇年代末で、それが正しく理解され、広まって定着したのは二〇〇〇年代に入ってからのことであった。この言葉の提唱者とされる温鉄軍《おんてつぐん》(中国人民大学教授)によれば、その意味はおおむね以下のように定式化され、「相互に絡み合った問題として扱われるべき」とされているものである。

「農村の問題とは、社会資本開発が遅れているため、農業による経済が発展せず、都市との格差が拡大している状況。農民の問題とは、農業収入が低く、増収が困難なため、出稼ぎを余儀なくされており、社会保障も得られていない状況。農業の問題とは、生産性が低く、農民が農村における農業のみでは必要な収入を得られない状況」である。[7]

そして温鉄軍は、長く放置されてきたこの問題が、胡錦濤政権の下で、すべてに先んずる主要政策となった経緯について次のように語っている。

二〇〇一年、当時国家副主席であった胡錦濤は、彼の執務室に私を招き、私のレクチャーを聞いてくれました。数人の高官も出席していて、主題は「三農問題」でした。胡錦濤が言うには、以前は農村問題がそれほど深刻であることを知らなかったが、少しわかってきた、「三農問題は、これから最優先課題にする」と、三度も繰り返して言いました。また、この優先順位は現指導部だけでなく、次の指導部にも確実に引き継ぐようにすると言ったのです。

（温鉄軍インタビュー「中国で三農問題はどのように議論されてきたか」[8]）

そして胡錦濤は、翌二〇〇二年一一月総書記に、二〇〇三年三月国家主席に就任したのだが、そのようにして自身の政権が成立すると、以後は既定の経済発展一辺倒の政策を改め、実際に三農問題に取り組むこととなったのである。本書冒頭の「はじめに」に引いた胡錦濤による一節「今こそ、工業が農業に反哺し、都市が農村を支え、そのようにして工業と農業、都市と農村が共に協調発展するときである」は、こうした経緯の中から、二〇〇四年九月「第一六期四中全会報告」の中で表明されたものであった。そしてさらにこの「反哺」という言葉についてみると、翌二〇〇五年三月の第一〇期全国人民代表大会第三回会議では、温家宝首相が、「政府工作報告」において、同じく次のように述べたのである。

（今年の経済発展を進めるに当たっては）さらに三農工作を強化しなければならない。農村、農民、農業の問題を解決することは、すべての工作の中で最も重要なものである。我国の経済発展が到達した新段階の要求に応えるには、工業が農業に反哺し、都市が農村を支えるという方針を実行することが必要だ。また国民収入の分配構造を合理的に調整し、農村と農業の発展を一層支えていかなければならない。

（温家宝「政府工作報告」[9]）

こうして胡錦濤／温家宝体制の下で、三農問題への対応が「重中之重」（重点中の重点政策）となり、二〇〇四年には、一八年ぶりにこの問題を主題とする「一号文件」が発出されることとなったのである。しかもそれは、その後も毎年それぞれの時代の要請を反映しつつ発出され続け、次の習近平政権にも引き継がれて今日に至っている。その数は今年（二〇一九年）までを含めて一六編。以下にそれらを一覧する。[10]

2004〜2019年「中央一号文件」一覧

胡錦濤政権期

2004	農民収入の増加を促進することに関する若干の政策的意見*
2005	農村工作を一層強化し、農業の総合的生産力を高めることに関する若干の政策的意見
2006	社会主義新農村建設を推進することに関する若干の意見
2007	現代農業を積極的に発展させ、社会主義新農村建設を着実に推進することに関する若干の意見
2008	農業のインフラ建設を強化し、さらに一歩農業を発展させ農民の増収をはかることに関する若干の意見
2009	2009年において、農業の安定的発展と農民の持続的増収を促進することに関する若干の意見
2010	都市と農村の発展力を調和的に強め、農業農村の基礎を更に一歩着実に進めることに関する若干の意見
2011	水利改革の発展を加速することに関する決定
2012	農業科学技術のイノベーションと農産品供給保証能力を増強することに関する若干の意見

習近平政権期

2013	現代農業の発展を速め、農村発展の活力をさらに増強することに関する若干の意見
2014	農村改革を全面的に深化させ、農業現代化を加速推進することに関する若干の意見
2015	改革創新の取り組みを拡大し、農業の現代化建設を加速することに関する若干の意見
2016	新理念を着実に発展させ、農業現代化の実現を加速し、全面的に「小康」目標を実現することに関する若干の意見
2017	深く農業供給側機構改革を促進し、農業農村発展の新たな力を育成することに関する若干の意見
2018	郷村振興戦略を実施することに関する意見
2019	農業農村の優先発展を堅持し、「三農」工作を立派に行うことに関する若干の意見

*これらの一号文件には、その冒頭にすべて「中共中央国務院」が記されているが、ここでは省略した。

3　農村政策の推進

胡錦濤政権は二〇〇二年に成立してから二〇一二年までの一〇年間、この国の国政を担ったが、その間胡は温鉄軍との約束を守り、一貫して三農問題の解決に努めた。それは上記「一号文件」が全期間を通して農村問題であったところからも明らかである。そこで以下には、そうした政策をいくつかの主要なテーマに沿って通観し、全体的にみていくこととしよう。

農民の増収と当面する諸問題

二〇〇四年に発出された最初の「一号文件」は、当時最大の課題であった「農民の増収（収入増加）」を主題としながらも、さらに加えて、当時の農村社会が持つさまざまな問題点を総合的に指摘したものであった。そこからは「今何が問題であり、どうすればよいのか」について当時の全体的見取り図を知ることができる。それはおおむね以下の九項目であった。①糧食生産地を支援し、糧食生産農民の収入の増加をうながす、[*]②農業構造を調整し、農業内部に潜在する増収力を掘り起こす、③農村の第二次産業、第三次産業を発展させ、農民の増収への道をひらく、④都市における農民の就業環境を改善し、出稼ぎによる収入を増やす、⑤市場の作用を発揮させ、農産物の流通を活性化させる、⑥農村のインフラ建設を強化し、農民の所得増大のための条件を創り出す、⑦農村改革を進め、農民による負担の軽減をはかる、⑧貧困地域を支援し、貧困人口の生活困難を解決する、⑨党が農民の増収について指導し、所得増大のための措置をとる、以上であった。

たしかにこれらは、どれをとっても難問であり、一朝一夕での解決は難しい。しかし、このように「一号文件」という形で国を挙げて問題点が指摘され、対応策が求められたことによって、ここから国家支援が強化され、事態が好転したことはまちがいない。

試みに食糧の総生産量についてみると、二〇〇三年は四億三〇〇〇万トンであったものが、胡錦濤政権の終期に近い二〇一一年には五億七〇〇〇万トンとなり、八年の

---

*＝中国においては、「糧食」とは穀物を中心に、そこへマメ類、イモ類を加えたもので、おおむね主食作物と考えてよい。

間に一億四〇〇〇万トンが増加した。これは史上稀な増加とされているものである。また農民の所得をみると、二〇〇三年に平均で二六二二元であったものが、二〇一一年には六九七七元となり、八年間で四〇〇〇元以上が増加した。これも同じく稀な速いスピードであったと考えられる。

そしてこれらがなぜ可能であったのかという訳は、中央政府による農業支援が、この間、史上空前のものであったからであろう。それは、その基盤となった中国のＧＤＰが二〇〇〇年には九兆九〇〇〇億元であったものが、二〇一一年には四七兆元になり、その結果財政収入が二〇〇〇年の一兆三四〇〇億元から二〇一一年には一〇兆四〇〇〇億元へと大きく伸びをみせたからであった[11]。つまりこれは、都市部の貢献を中心とする中国全体の経済発展の上に、胡錦濤政権がとった手厚い三農政策によって、農村の実態がかなりの改善をみせたのだということで、いわば「反哺」の第一歩であったと考えることができる。

農業税の廃止

続いて大きな課題として提起されたものが、二〇〇五年の一号文件に「二つの減免、三つの補助」と表現されたものである。それは農民に対して農業税、農業特産税を減免し、同時に必要な施策のための経費は補助金をもって補うという農家・農民に対する優遇策であった。そしてこの提言は、二〇〇六年一月一日をもってすべての農業税を廃止するという画期的な結果を生み出し、紀元前六世紀以来、二五〇〇年にもおよぶこの国の農業税の歴史に終止符を打ったのである。* これが農民たちに歓迎されたことはいうまでもない。もともと中国農民の税費負担は、地域によって種類、額などにバラツキがあるため、必ずしも一律に述べられないのだが、それでも全体的傾向をみると、一九九〇年代以降、徐々に負担が重くなっていた。そのため省によっては軽減通達が出されたところもあったのだが、確たる効果は見られず、むしろ地域幹部の増加や彼らの恣意的な徴収によって重税感を増しており、それが農民たちの出稼ぎを増やす原因ともなっていた。一例として二〇〇〇年時点のある村をみると、村の「税費」

＊＝農業税は紀元前五九四年にはじまったとされる。なお、この時の農業税の廃止については、初めは時間をかけて徐々に進める予定であったが、二〇〇五年の全国人民代表会議で温家宝首相が撤廃を提起すると、急遽二〇〇六年初をもって廃止されることとなった。

は、「税」が農業税と農業特産税で各戸平均七六〇元、「費」が道路費、民兵訓練費、優撫費（徴兵留守家族への扶助経費）、計画生育費、教育費、電気費で各戸平均五六四元からなり、その合計一三二四元は村の農戸平均収入の三七％という重さであった。*

したがって二〇〇六年にこうした「税費」が全面的に廃止されたことは農民にとって大きな福音であり、以下四点の意味があったと考えられる。①農民の負担が確実に減少した。②税収の公平原則が進み、農業の競争力が増すこととなった。③公共財政が農村をカバーすることとなり——農村の義務教育が中央によって賄われるなど——国の一体的な計画が立てられるようになった。④農民の購買力が高まり、内需が拡大することとなった。そしてさらにここからは、中央による「補助」として農村のインフラ整備や、農産物への価格支持、農民の医療保障等への支援もなされることとなり、農民の生活が改善されたのである。

「社会主義新農村建設」の推進

もう一度先の「一号文件」一覧をみてみよう。二〇〇六年および二〇〇七年に「社会主義新農村建設」を推進することが二年連続で提起されている。これは、どのような問題提起であったのか――。

一見してこのテーマからは、個別な問題点の指摘ではなく、「新農村」という大きな社会の創設を目指していることがみてとれる。そして最も興味深いことは、このテーマが、前年の「第一一期五か年計画」**（二〇〇五年一〇月）の目標および行動綱領と同じだと、「一号文件」（二〇〇六年）の冒頭に記されていることである。それは、この「社会主義新農村建設」という課題が、「五か年計画」によって、五年かけて実施され、実現するものと位置付けられていることを示すものであろう。またそれは、「五か年計画」という性格上、個別の問題点を改めたり除いたりするというよりはむしろ、積極的に打って出て、農村そのものを改革する意向を示したものとみることができよう。それは単にヴィジョンを示したに止まらず、成し遂げるべき仕事として提示されたと見るべきである。

＊＝陝西省における魏瑋氏調査による事例。[12]

＊＊＝原文は「五年規画」（「中共中央関于制定国民経済和社会発展第十一個五年規画的建議」）とされているが、日本語の含意によってここでは「計画」を使う。

そしてその目指す内容は、端的にいえば、農村において「小康」を達成するために、「生産を発展させ、人々の生活にゆとりをもたらし、郷村を平穏にし、農村のインフラを整備し、社会主義民主政治を築き、新しい農民を育てる」ことであった。* ここからは、農村社会に満ちている多くの問題に目配りし、前世紀末以来農村で多発している農民による不満行動にも対処しつつ、今こそ新しい農村を築いていこうとする胡錦濤政権の意思が感じられるものであった。加えて、そのために必要なものとして同政権は、「人こそ第一」** という観点から、基層幹部に清廉な作風を求め、地方で弱体化している共産主義青年団や婦女連組織を強化し、党の基礎を固めるよう呼びかけたのであった。

この「人こそ第一」については、ここで一点、胡錦濤政権発足時の一場面を付け加えておきたい。それは二〇〇二年一二月、総書記に就任したばかりの胡錦濤が河北省西柏坡《せいはくは》を訪れ、その際の思いを講話の形で述べたものである。それこそ胡錦濤政治の通奏低音をなす「政治に関わる人間（=幹部）は如何にあるべきか」という考え方についてであった。もともと西柏坡は、一九四八年の建国前夜、中国共産党中央が最後に本拠地を置いた地であり、翌四九年北京入城を前にした毛沢東が、ここで、今後政権は如何にあるべきかを述べた場所として知られている。そして、そうした歴史のある地で胡錦濤が述べた一節が、「この数年、拝金主義、享楽主義、そして奢侈の風が党員幹部の中に蔓延している。…だが現在、わが国の経済力、科学技術力、国防力はまだまだ低い段階にある。…我々は、農村の貧困農民、都市の貧困住民の中に入り、彼らの問題を解決しなければならない。…幹部たるもの、特に年若い幹部は、謙虚で、慎み深く、奢らず、騒がず、刻苦奮闘の気風をもって人民のために務めなければならない」であった[13]。

また胡錦濤は、いよいよ国政を担当するに当って、新しい理念として「和諧社会」という概念を提起した。そしてこの「和諧」という言葉に込められた意味は、単に調和

＊＝「小康」の意味は「まずまず」、「衣食が一まず足りた次の段階で、多少は豊かさが実感できる社会水準」をいう。後半部分の原文は、二〇〇五年一〇月の第一六期五中全会に提起されたもので「生産発展、生活富裕、郷風文明、村容整潔、管理民主」であり、のちの習近平政権による「郷村振興戦略」（後述）と対比されているものである。

＊＊＝「以人為本」（人こそ第一）人民本位、民生向上を意味するもの。

を保つという静態的な状態をさすのではなく、絶え間ない修正を行なうことで社会の発展と安定を保障するという考え方だと述べている。つまり、市場経済の下では、経済は常に両極分化を生み出し、格差をつくりだし、対立状態を招くものであるが、その故に政府は常に社会の分化や人々の差別や格差が大きくならないように分配に関与し、調整し、税制上の移転交付を実行しなければならない、そうした絶えざる調整と関与の必要が「和諧」社会を保障するものであり、そのための経済的なルールづくりが必要なのだというのである。そして、すでに三農問題が生じているからには、まずその是正が大切だとして、二〇〇四年秋「反哺」に言及したのであった。

以上から「反哺」は、都市の経済発展を中心とした国全体の経済成長の上に、国家財政によって実施されることとなった。この間の三農問題に対する国の財政支出をみると、たしかにその額は大きな伸びを見せたのである。二〇〇二年が一九〇五億元、二〇〇三年が二一四四億元、二〇〇四年が二六二六億元、二〇〇五年が二九七五億元、二〇〇六年が三五一七億元、二〇〇七年が四三一八億元、二〇〇八年が五六二五億元……であった。[14] そしてこの結果実現されたものが、農民家庭に対する一定の生活費の補助、新医療制度の導入による政府医療費負担の増額*、出稼ぎ農民子女への教育支援、農村の道路、水道、衛生施設等インフラ建設への支援など多岐にわたるものであった。こうして胡錦濤政権の下で、農村には一定の安定成長がもたらされ、李昌平が描いた農村からはいささかの変貌が見られたのである。

ただし、にもかかわらず、その後も「一号文件」が出され続けているように、政権後半期に入っても直面する問題はなおも少なからず見られた。むしろ拡大されたものもあったといってよい。そこで、その中から主要な問題点を二点、以下に指摘しておきたい。

都市と農村の所得格差

第一は、なおも続く都市農村間の所得格差についてである。胡錦濤政権後半期の都市住民と農村住民の年間所得を対比してみると、二〇〇九年が、一対三・三三、二〇

＊＝農村の医療施設の不備については、胡錦濤には深刻な記憶があったとされる。それは胡が就任したばかりの二〇〇三年、広東省から新型肺炎ＳＡＲＳが大流行し、その中で農村における農民たちの恵まれない医療の実態が明らかになったからである。

一〇年が、一対三・二三、そして二〇一一年が、一対三・一三であった。この数値からわかるように、たしかに格差は少しずつ減少している。そのため中国政府は、その段階で、二〇二〇年にはその差が一対二・五になることを希望していた。だが、比率の数字のみではなく、実際の平均所得額でみると、二〇一一年の農民の平均所得は六九七七元であったが、都市住民のそれは二万一八〇九元であり、二〇一二年は前者が七九一六元で、後者が二万四五六四元であって、その開きはなおも大きいものであった。しかも、都市住民は政府や職場から生活上のさまざまな便宜を受けていたのだが、農民は少ない現金収入の中から、たとえば次年度の耕作のための種子や肥料を入手しなければならず——杜潤生が述べたように——両者の実質的な比率は数字以上のものとなっていた。そこで、両者の実質的な比率を下げるためには、農民の所得を、都市住民より速いスピードで引き上げるばかりでなく、やはり農村全体への手厚い配慮が必要なのであった。そして農民の所得が、農産物の生産によるものと、出稼ぎなど他産業への就業から得るものと二種類から成るところから、前者のためには土壌改良や水利施設の強化によって農業基盤を整備し、農産物の品質を高め、それらが適正な価格で販売できるよう市場を調整することが必要とされたし、後者のためには、農民工たちの熟練度を増すよう教育して、二次産業、三次産業への移転を援け、その賃金に未払いやピンハネがなく正しく支払われるよう監視体制を整える必要があった。いずれにせよ格差の解消には、全社会的な対応が必要とされていたのである。

農村における土地問題と経営形態

次に第二の問題は、農村における土地利用の問題とその経営形態についてである。中国における農村の土地は、人民公社体制を引き継いでいることから、すべて集団所有である。* したがってそこには土地市場がなく、市場価格もない。そのため工業化や都市化が進められ、大規模な農地の転用が行なわれる際も、それは専ら地方政府による収用によって行なわれ、その際の土地補償は極めて低いものであった。つまり、地方政府は、地域開発を行なうに当たって、まず低価格で農民の土地を収用し、それを高い価格で開発業者や企業に払下げ、その間で得た莫大な利益で土地造成や道路、ガス、電気、水道などインフラ整備を行なっていた。それが「土地財政」という言葉

＊＝都市の土地は国有。

が生まれた理由である。

だが、その下で農民は、とかく利益を得られなかったばかりでなく、土地の権利をも失ったのである。二〇〇五年の頃から中国農村で度々抗議の集団行動が起こっているとの報道があったが、それは農地の強制収用に端を発したものが多く、二〇〇五年には八万件をこえ、二〇〇六年には九万件をこえ、二〇一一年には一八万件にのぼったと伝えられた。ここからは土地収用など農村問題の改革が待たれていたということができよう。

もう一つ、この段階の農村の問題点は、改革開放以後の農家生産請負制による家族経営についてであった。それは、この形が、初期段階では農民たちのインセンティブをあげ、生産を高めてきたのだが、何といっても家族経営は規模が小さく、生産力にも限界があり、拡大した市場やさまざまなリスクに立ち向かうには十分ではなかったということである。

そのため次の段階では、以下二つの方向が模索された。その一は、これまでどおり家族経営を中心としつつも、その上に協同組織をつくり、その組織力によって市場との関係を強化しようという狙いであった。その二は、規模経営を行なう力や技術のある一定の農家あるいは企業に土地をゆだね、農民はそこで働くか、他に転出するか選択するという形であった。ただし後者の場合には、トータルで大がかりな移住の問題が生じることとなり、これも難問だったと言えよう。こうして、なおも残る土地と農業の経営形態の問題は、次の習近平政権の時代へと引き継がれたのである。――では他方、胡錦濤政権期の都市はどうであったのか。

4 都市のさらなる発展

中国は、二一世紀に入ったころから都市を中心とした経済が高度成長の時代となり、都市化の歩みが一段と加速された。その結果、二〇〇八年をとってみると、都市の数は六五五に上り、そこに住む都市住民の数は六億七〇〇〇万人となり、全国人口総数一三億二八〇二万人に対して四五・七%に及んだ。

その理由は、すでに農村の側から繰り返し述べたように、農村人口が就業先を求めて都市部に流入したからである。中国は一九八〇年代から本格的な計画出産の時代に入り、「一人っ子政策*」が行なわれていたから、都市内部での人口増は極めて低位であった。そのため、上記六億七〇〇〇万人のうち都市戸籍を持つものは四億三九七一万人で、その差である一億六七二九万人は多くが外からの移住者であり、その移動理由は、出稼ぎが六八・三％、商売が八・八％、家事手伝いが七・七％、進学が三・一％であった。またこの流入者数を、都市の属性で分けると、直轄市が八・二％、省都が一八・五％、地区級市が三三・四％、県級市が一九・八％、鎮級市が二〇・一％、であり、この「人口増による都市化」はほとんどが中小都市への移動という形で行なわれたことがわかる。**[15]

次にこの六五五都市を人口規模で分けると、一〇〇〇万以上の特大都市が四（北京、上海、成都、重慶）、二〇〇万～一〇〇〇万の大都市が三七、一〇〇万～二〇〇万の都市が八一、五〇万～一〇〇万の都市が一一八、二〇万～五〇万の都市が一五一、二〇万以下の小都市が二六四である。そして鎮レベルには一万九二三四の「まち」があった。これは、改革開放政策の始まった一九七八年には全国で一九三都市しかなかったことを考えると、三〇年の間に都市が、数、規模共にまさしく大幅な増加と成長をみせたということができる。

次いで二〇〇九年における上記都市の地域分布をみると、東部地域が二八四、中部地域が二四六、西武地域が一二五であり、そこに人口数を加味すると東部の発展が顕著である。またさらに各都市別の総生産額（GDP）をみると、一位が上海で一兆六八七二億元、二位が北京で一兆三七七七億元、三位が広州で一兆五〇〇億元、以下深圳、蘇州、天津と続き、やはり東部の都市が優位であった。それはまさしく歴史的に形成された地域発展と、対外開放政策による地理上の優位性の上に成るものであったと考えられよう。

そして二〇一一年、都市人口はついに全人口の五一・三%を占め、初めて農村人口を上回った。しかもその伸びは止まることなく進み、二〇一二年には七億一二〇〇万人で五二・六%に及んだのである。

ただし、こうした進展ぶりが、果たして国および社会の発展と言えるのかといえ

＊＝一九七九年に始められた人口抑制政策で、一組の夫婦に子供は一人と定められたもので、違反には厳しい罰金が科せられた。だが高齢化の進展や経済発展への影響もあり、政策緩和の時期を経て二〇一五年この政策は終了となった。

＊＊＝数値の出所は国家統計局『中国統計年鑑』（電子版）以下同

ば、その点は疑問なしとしない。それは、都市の数や人口の増加にみられる成長ぶりが――本書が縷々述べてきたように――対極にある農村の諸問題の上にあるからであり、そこで生じている両者間の格差や矛盾に加えて、都市自体にも、大気汚染、交通渋滞、生活環境の劣化、就職難など多くの深刻な問題を発生させていたからである。そのため、ここからは、都市が農村との関係で如何にあるべきか、今後の発展はどのようなかたちで進められるべきか、という問いが発せられ、その問いに答えようとする試みは、やはり次の習近平政権に委ねられたのであった。

5　習近平政権の時代――「反哺」を超えて

二〇一二年一一月、第一八回党大会において胡錦濤から習近平へのバトンタッチが行なわれた。すると習は、一一月二九日、こののち共に国家運営を担う六名の政治局常務委員と共に、天安門広場の側らにたつ国家博物館を訪れ、「復興の路」と名付けられた中国近代以降の歴史を示す展示を参観した。そしてその後行なわれた講話の最後を次の一節で締めくくったのである。

私は固く信じている。（我々は）中国共産党成立一〇〇周年（二〇二一年）の時までに、必ずや「小康」社会をつくり上げるということを。また新中国建国一〇〇周年（二〇四九年）の時までに、必ずや富強、民主、文明、和諧の社会主義現代国家を建設するということを。そして、中華民族の偉大な復興の夢をきっと実現することを信じている。（習近平「中国夢、復興路」[16]）

こうして習近平もまた、就任にあたって、中国の苦難にみちた近現代の歴史を回顧し、その上で、来るべき「二つの百年」*とその際の目標を明示し、その目標を実現することが「中華民族の夢」だとしたのである。では、もうすぐそこまで来ている「第一の百年」に向けて、習政権は今、どのような政策を行なっているのであろうか——。

＊＝「二つの百年」は、本来上記のように二〇二一年と二〇四九年なのであるが、その後取り上げられる時には往々「二〇二〇年」と「二〇五〇年」と区切りの良いところで捉えられているので、以下これを使う。

以下には、初めに都市を対象とした政策を取り上げ、続いて農村問題につき、その後も発出され続けている「一号文件」や、第二期に入って提起された新政策など、現在進行中の動きを見ていくこととする。

新型都市化計画のすすめ

改革開放三〇余年を経て、今や都市が大きく成長しても、その反面、特に農村との関係において問題があることについては、習近平も十分認識していたのであろう。そのため同政権は、二〇一四年三月、中共中央・国務院の名を以って「国家新型城鎮化規画（二〇一四〜二〇二〇）」（新型都市化計画）を定め、農村の改革と歩を合わせて都市の改革を行なうと発表した。これが現在進行中の「新型都市化計画」であり、後に公表される「郷村振興戦略」と共に、同政権にとってクルマの両輪とされているものである。[17]——では、これはどのようなものであったのか。

この計画の要点は「レンガの都市から、人の都市へ」であり、求めるところは「人間本位の都市化」であるという。したがってこの都市化とは、従来の概念とは異なり、コンクリート（煉瓦）の都市を建造することではない。では何かと言えば、それは「現に存在している問題を解決し、人々の生活水準を高めることが目的」なのである。現行の問題に即して言えば「農村から移転してきた人々もまた真の都市民となって都市の基本的な公共サービスをうけ、そのようにして都市を構成するすべての人々が共に都市生活を享受すること」だというのである。

そうであるならば、そして現状をみるならば、「人間本位」を価値基準とすることで、都市に住む住民の間に戸籍の違いによって明らかな差別があることや、無秩序な都市の広がりや過密が、少なからぬ都市民の生活に劣化をもたらしていることは、何を措いても解決していかなければならないことになる。そのため、同「計画」に付された「新型都市化の主要指標」をみると、そこには四つの分野にわたって一八の項目が示され、そのそれぞれに「現状」（二〇一二年）と「目標」（二〇二〇年）が数値の形で示されており、いまこの国が「都市化」について、「第一の百年」までに、何を、どの程度に目指しているかがわかるのである。

その第一の分野は「都市化水準」である。そこでは「常住人口都市化率」が二〇一二年では五二・六％、二〇二〇年では約六〇％とされ、「戸籍人口都市化率」が二〇一二年では三五・三％、二〇二〇年では約四五％とされている。この意味は、二〇一二年

「新型都市化の主要指標」

专栏1　新型城镇化主要指标		
指　标	2012年	2020年
城镇化水平		
常住人口城镇化率（%）	52.6	60左右
户籍人口城镇化率（%）	35.3	45左右
基本公共服务		
农民工随迁子女接受义务教育比例（%）		≥99
城镇失业人员、农民工、新成长劳动力免费接受基本职业技能培训覆盖率（%）		≥95
城镇常住人口基本养老保险覆盖率（%）	66.9	≥90
城镇常住人口基本医疗保险覆盖率（%）	95	98
城镇常住人口保障性住房覆盖率（%）	12.5	≥23
基础设施		
百万以上人口城市公共交通占机动化出行比例（%）	45*	60
城镇公共供水普及率（%）	81.7	90
城市污水处理率（%）	87.3	95
城市生活垃圾无害化处理率（%）	84.8	95
城市家庭宽带接入能力（Mbps）	4	≥50
城市社区综合服务设施覆盖率（%）	72.5	100
资源环境		
人均城市建设用地（平方米）		≤100
城镇可再生能源消费比重（%）	8.7	13

には都市人口が五二・六%とすでに全人口の半数を越えているが、その中で実際に都市戸籍を持っている都市民は三五・三%なのであり、その差（一七・三%）の実数二億五〇〇〇万人が都市に住みながら都市民と同等な権利を持たない出稼ぎ農民工である、それが現実だという意味である。そして、二〇二〇年には、目標として、それぞれの数値をほぼ六〇%と四五%に引き上げる（結果として差が二・三%縮小する）ことが目指されているのである。要はこのような数値を示すことで、第一に農村から都市への移転人口を増やすこと、第二にその人たちの戸籍の移転を進め市民化を認めること、という二点が求められているのであり、それが政権としての当面の望ましい目標だと示しているのである。*

そこで、以下同様の観点で他の三分野も見ていくならば、同表からわかることは、今後二〇二〇年までに都市での「基本公共サービス」についても、教育、職業技能訓練、養老保険、医療保険、住居についてサービス度を上げること、次いで都市インフラともいうべき「基本施設」についても、公共交通、水道、下水、ゴミ処理、ブロードバンド、サービス施設のそれぞれを発展段階に応じて拡充させること、そして「資源環境」についても一人当たり建設用地面積、再生可能エネルギーの消費割合、都市における建築と緑地の割合、大気などについて環境配慮を進めることが望ましいと示しているのである。

そうであるならば、現在進められている「新型都市化政策」とは、今都市で最も恵まれないところにある人々に、近い将来「小康」を保障し、生活レベルを上げると共に、都市の生活に象徴されている各種インフラや社会環境を可能な限り享受できるよ

＊＝ただし、戸籍の転換については、別表によれば、都市の規模によって異なる対応となっており、小都市への移転は比較的緩やかで容易だが、五〇〇万人以上の大都市ではなおも厳しく制限されている。

うにと計画されているものなのであろう。またこの「計画」は、重点地区を設け、各省、県、市等がそれぞれに計画をたて、それぞれに実施していくことが進められていることから、地域の実情に応じて実現していくことこそが、どこにあっても待たれることなのだと思われる。

また、さらに一点触れておきたいことは、「計画」発出の際、習政権の中でも都市問題を担当している李克強《りこくきょう》首相が、その年の「政府活動報告」の中で、「この都市化は、政府が取り組むべき重要な任務の一つであり、都市化を進めることは、経済発展の中で生じているさまざまな社会問題を解決するものだ」と述べ、その関連で「三つの一億人問題」に言及している点である。それは、①一億人の農村人口を都市部に定住させること、②一億人が住んでいる都市のバラック密集地域や「城中村」（都市の中の村）を改善すること、③中西部の一億人が住む地域の都市化を実現させること、という三点であって、このように、繁栄する都市の陰で、未だ恵まれぬまま取り残されている人達に、真の「都市化」をもたらす政策が重要だとされているのである。この点も都市政策に共通する課題として、今後ともに注視したいものである。[18]

そしてさらにここで、都市の問題について最新の動向を一点記しておくならば、それは二〇一七年以来進められている「雄安新区」の建設である。これは深圳、浦東という成功例を継いで、北京に近い河北省の雄県など三県一帯に、環境にやさしく、スマート化した新都市をつくり、北京の首都機能以外の諸機能を分散、移転しようとする計画である。それは「千年の大計」ともいわれており、習近平が自ら計画、決定、推進している由であり、今次二〇一九年三月の全国人民代表大会で全体計画が批准され、まもなく建設段階に入るといわれている。この動向も最新の都市の問題として注目されよう。

農村における土地問題と経営形態への対策

胡錦濤政権が残した、規模の小さな農地による低生産性をどうするかという問題は、習近平政権にとっても第一に取り組むべき課題であった。そこで、この問題の克服のためには、①何らかの方法で土地を集積し、農地利用の合理化をはかる、②協同の生産組織をつくって大規模経営をつくりだし、そこで生産性を上げる、という二つの対応策が考えられた。そして、それこそが、二〇一四年の「一号文件」において、「農業近代化の推進加速」をテーマとし、その中で「農村土地制度改革の深化」および「新型農業経営システムの構築」を取り上げ進めた理由であったと思われる。その内容は、以下のように、これまでの政策への反省の上に今後の方針を述べたもので、各方面にわたる詳細な言及からなっているものであり、それは習政権の観点を端的に示すものであるところから、少し長いが引用する。

農村の土地請負政策を整え、安定させ、長期間変えずに維持する。請負地の占有権、使用権、収益権、流通権およびその抵当権、担保権を農民に付与する。…今後は、そうした権利を確認し、登記、証書交付をきちんと行なう。…女性の土地請負権益も適切に守る。

土地収用制度の改革を推進し、収用対象の農民に向けては、合理的で、規範化されたさまざまな保障制度を整備する。関連法規の改正を急ぎ、土地の価値増加による収益が農民に公平に分かたれるようにし、さらに農民の住宅、社会保障、就業訓練なども合理的に保障する。…土地に関わる調停や裁決制度を整備し、農民の知る権利、参画権、不服申し立て権、監督権を保障する。

さまざまな形の大規模経営を発展させる。ただし土地流通と規模経営は農民の意向を尊重すべきであり、強制的に進めてはならない。

地方政府と民間が出資して、新型経営に融資することを奨励する。…新型経営を行なう農民には教育をし、育成を行なう。…関連する優遇税制を実施し、農民合作社による農産物の加工や流通が発展するよう支援する。

（「関于全面深化農村改革加快推進農業現代化的若干意見」[19]）


こうして、二〇一四年の「一号文件」は、農民に対して土地利用に関する権利を第一に認め、その利用権の流動化を進めて、そこから大規模経営を育成しようとしたものであった。それは、この時点ではあくまで「政策」であったにすぎないものの、農村の動向に対して大きく旗を振ったことは確かである。そして、それが現実にどのような形として結実したのか、一地域でその例をみると、二〇一四年末の調査時点では三種の形があり、一がいわゆる「家庭農場」といわれる大規模農家の形、二が「農民専業合作社」といわれる農業協同組合の形、三が「龍頭企業」と呼ばれる企業の形で、それぞれの割合は、一が大よそ半数を占め、二と三がおおむね残りの半数ずつというものであった。[20]そしてこの形は、二〇一六年段階になると、いずれの形にせよ全体の三分の一の請負地が第三者に移転されていたのである。また、こうした大型化や協同化の形は、流通段階でも農民の利益を確保していく援けになるものとされた。

農村優遇政策の強化と新たな視点の提起

次に、二〇一五年の「一号文件」は、今日に続く三つのフレーズが記された点で記憶に残るものであった。それは、「中国が強くなるためには農業が強くなければならない」、「中国が豊かになるためには、農民が豊かにならなければならない」、「中国が美しくあるためには、農村が美しくなければならない」である。このフレーズは、初めは一つの旗印に過ぎなかったが、やがて単なる旗印に止まらず、人々が、以下の「一号文件」に盛られたさまざまな農村優遇政策を推進するに当たって、それが必要である訳を認識する力になったと思われる。そして、その推進された政策とは——

・農業、農村へ優先的な投資を行なう。…補助金政策を強化し、…農産物の価格を安定させる。…社会化サービスを実施し、…二次産業、三次産業との融合をはかる。…農業ビジネスを推進し、一村一品をつくり、観光レジャー化を開発し、その税制を優遇する。
・農民の収入増のために、移転、就業、起業を促進し、移住者の職業能力開発を進める
・農村インフラ建設を推進し、飲料水安全プロジェクトを行ない、ゴミや汚水の処理、トイレの改良に注力する…

等々であった。

そのため、たとえばトイレの改良のような具体的な方策が明示されたことは、農村に必要な環境問題として、こののち習近平や中央、地方の幹部たちが、折に触れ、繰り返し言及するものとなり、新しい農村建設のために実現すべき事項として人々に強烈に認識されたのであった。またこの年は、二〇一一年から始まった「第一二次五か年計画」の最終年であり、同計画によって従来以上に農業の増産が実現し、農民の収入が増し、都市と農村間の格差に歯止めがかけられた年でもあった。そのため翌二〇一六年になると、その「一号文件」においては、農業部門でも、水利建設や、バイオ、品種改良など科学技術を利用した産業化の推進が提起され、同時に資源保護や生態系

の回復、グリーン発展と呼ばれる環境保全など、一段と新しい枠組みが重視されるようになった。したがって、都市と農村の関係についても、工業が農業を援け、都市が農村を支える政策は堅持するとしつつも、今後は都市と農村がその要素の平等な交換を行なうよう促すとしており、それぞれの公共サービス（就学前教育、義務教育、医療、女性支援、高齢者支援、スポーツ施設、図書館等）も均等化し、共に引き上げるとしているのである。ここでは、農村の内発的な原動力が重視されており、都市との関係も、もはや恩返しを迫る「反哺」を超えようという方向性を見てとることができる。そして、それらはさらに財政や金融措置にもおよび、党の農村工作の指導レベルを一段階向上させようとするものとなった。

だが、このように農村優遇政策が進められた中にあっても、二〇一五年から一六年にかけて、なおも残る究極の課題として「脱貧困」のための「決定」が発出されたことには、改めて注目しておく必要があるだろう。* なぜなら「貧困」とは、往々農村という地域、農民という人々に長く付きまとってきた「属性」の如きものであったから、たとえそれが全体として改善されてきたとしても、その中のある地域、ある家族にとっては、依然として逃れ難い軛《くびき》だったからである。そこで以下にはこの点について再度目を向けておくこととしたい。

「脱貧困」という難題――「精準扶貧」

二〇一五年一一月、中共中央国務院は「脱貧困という難関に勝利することに関する決定」を発出した。またこの時の議論を継いで、二〇一六年三月には「第一三次五か年計画（二〇一六～二〇年）」が出され、二〇二〇年までには必ず貧困を撲滅するとの宣言がなされ、そのために「精準扶貧」政策が提起された。もともと「脱貧困」とは、前節にも述べたように、この国にとって建国以来長期にわたって続いてきた社会全体の、とりわけ農村社会の難問であり、「一号文件」においても底流をなしてきた大き

＊＝「一号文件」に多用されている「意見」に比べて、「決定」という言葉のもつ意味は強く、そこには強制規範があるとされる。なお「貧困」とは農民一人当たり年間純収入によって判定されるのだが、それは、経済発展の中、年次によって――例えば、二〇〇〇年には六二五元未満とされていたが、二〇〇九年には一一九六元となり、二〇一〇年には二三〇〇元へと急速に引き上げられたなど――数値は異なる。

なテーマであった。それが、ここで、敢えて「決定」として出されたわけは、何よりも「小康」を実現すると公約した「第一の百年」（二〇二〇年）がもう五年後に迫ってきたからであろう。

実際に、この「決定」をみると、そこにはこう記されている[21]。「改革開放以来（我々は）大規模な貧困対策によって、農村を中心に約七億人を貧困から脱却させてきた。…だが、二〇二〇年までには、さらに残る七〇〇〇余万の農村人口を貧困から脱出させせなければならない。それは、時間的にも切迫した重大な責務である」。まして習近平は、これまでに「脱貧困」を自らの重要な使命だと強調し、小康社会の完成には一人たりとも欠けてはならず、極貧層撲滅の道には一人の脱落者も出してはならないと述べてきたのであり、その約束は重いのである。そして、では習はどのような形でそれらを行なおうとしたかというと、それが「精準扶貧」政策なのであった[22]。

「精準扶貧」とは、救うべき「貧」困対象に「精」確に照「準」をあて、現状をきちんと識別して効果的に「扶」けること、つまり然るべき対象に、正確な、きめ細やかな支援を行なうことである。それまでの貧困対策は、おおむね一つの県、一つの郷を単位として「貧困県」「貧困郷」と認定し、経済開発や産業振興など対応策を講ずる開発式扶貧の方式であった。そしてたしかにそうした政策の中で、貧困人口は大きく減少してきたのである。だが、さらに詳細に実態をみると、そうした施策では、なおも取り残される地域や家族があり、逆に「非貧困県」とされた県の中にも同様に貧困地域、貧困家族が残されているのが実態であった。そのため、従来以上にターゲットを絞った、より精確な識別による貧困対策が必要とされ、見直しが提起されて、第十三次五か年計画に付随する「十三五脱貧攻堅計画」として具体化されたのである。そのため、二〇一七年からは、特に極貧地区への集中支援という形で貧困撲滅対策が強力に展開されたのであり、この年の「一号文件」は脱貧困キャンペーンを強く取り上げたものとなった。そして、そうした経験をふまえて習近平は、二〇一七年一二月三一日に発した「二〇一八年新年祝賀メッセージ」の中で次のように述べたのである。

我々は、二〇二〇年までに、農村の貧困人口がそこから脱出できるようにすることを約束する。それまでに三年しかないが、社会全体で戦い、必ずや勝利を勝ちとるのだ。戦いに勝利すれば、それは中国数千年の歴史の中でも初めてのことに

（「国家主席習近平発表二〇一八年新年賀詞」）[23]

なる。

こうして、習による強力な政策推進の結果、現場では、以前より多くの資金が投入され、世帯ごとに貧困原因が特定されて、各戸に応じた対処がなされることとなった。職のない者には職業訓練や技能訓練が、未就学者には無償で教育が、「五保」世帯には生活保護で生活の安定が、保証されたのである。この結果国家統計局は、二〇一八年末段階の全国農村貧困人口は一六六〇万人だと発表し、この数値は前年比で一三八六万人減少し、貧困の発生率は一・七％になったとした。また二〇一二年末の貧困人口九八九九万人に比べれば、累計で八二三九万人減少したことになり、発生率も一〇・二％から一・七％になったと強調した[24]。

今や、習政権の対農村政策は、「三農問題」と「脱貧困」の二本立てになったといわれるが、共に緊要な課題であり、さらに「二つの百年」や新しい発展理論に基づく中間時期の設定*によって、この難問が、如何にしてそうしたスケジュールに対応しつつ解決されていくか、今こそ注目されるのである。

「郷村振興戦略」の発出

それでは、再び「一号文件」にもどってみよう。その点で注目されるところは、二〇一八年の「一号文件」が「郷村振興戦略を実施することについての意見」であったことである。この「郷村振興戦略」とは、そもそも二〇一七年一〇月の第一九回党大会において主要な政策の一つとして提起されたものだが、それが二〇一八年には「一号文件」となり、さらにその後を辿れば、三月の全国人民代表大会において李克強首相の「政治工作報告」[25]で語られ、次いで五月の中央政治局会議で審議され、こうした密度高い検討を経て、同年九月「郷村振興戦略規画（二〇一八—二〇二二）」として発出されたものである。——しかも五月の中央政治局会議においては、習近平がこの「郷村

＊＝これは二〇一七年の一九回大会で提起されたもので、「二つの百年」（二〇二〇年と二〇五〇年）は、その間を二つの段階に分けて計画した方がよいという提案であり、第一段階は二〇二〇〜二〇三五年で、二〇二〇年の小康社会の完成の上に一五年間奮闘して社会主義現代化をはかり、都市と農村の生活水準の格差を著しく縮小させ、公共サービスが均等に行きわたるようにする。そして第二段階はそこから二〇五〇年の共同富裕にむけてスタートを切るというものであった。

振興戦略」と先の「脱貧困攻略戦」とを合わせて審議のテーブルにのせ、これは今後の国家建設にとって共に核心部分であるとして、各レベルの党組織や地方政府が、責任をもってこの問題に取り組むよう呼びかけたのであった。

では、その「郷村振興戦略」とは何か、なぜいま提起されたのか――。習はそれが必要な理由をかつて次のように語っていた。

わが国は、境域まことに大きく、人口まことに多く、その国土面積はほとんどが農村である。たとえ将来、七〇％まで都市化が進もうと、それでも四億から五億の人たちは農村で暮らすのである。……（我々は）農民のために幸福で美しい郷村をつくらねばならない。

（「在中央農村工作会議上的講話」（二〇一三年一二月）[26]）

それゆえに、今、そのときが来たとして「郷村振興戦略」を提起したのであろう。その第一章「重大なる意義」には次の一文がある。

全面的に小康社会を築き、現代国家をつくりあげようとするとき、最も困難で煩雑で荷が重い任務は農村にある。だが同時に最も広範で最もしっかりした厚みのある基礎もまた農村にある。また最大の潜在力と頑張る力も農村にある。「郷村振興戦略」を実施することは、新時代の社会矛盾を解決し、「二つの百年」の奮闘目標を実現し、中国の夢をかなえるために必然の要求なのである。それこそ重大な現実的、歴史的意義を有するものである。（「第一篇第一章　重大意義」[27]）

改革開放以来の現実を直視すれば、一方で活力を得て発展してきた都市という存在の陰で、農村では若者が外へ出ていき、老人と子供ばかりとなった村があり、中には村そのものが消滅する現象も生じていた。実際、一九七八年に六九万と言われた行政村は、二〇一二年には五八万八〇〇〇に減少している。政権にとっては、そうした事態への強い危機感が「郷村振興戦略」をつくりあげた原動力であったと考えられよう。

したがって「郷村振興戦略」とは何かというならば、それは、これまでの三農政策に関わる一連の方針や政策を継承し発展させたものであると共に、新しい段階をどう進めるかという摑みどころなのである。そして、実際に何をすることが目標かといえば、「産業興旺、生態宜居、郷風文明、治理有効、生活富裕」（産業を興隆させ、社会をエコで住みやすくし、郷村の気風を文明的にし、統治を効果的に行ない、生活を豊かにすること）である。つまり、それは三農という範囲に止まらず、郷村という地域全体の生態や文明や生活を含めた広範な問題を内からどうするかということなのである。

そこで、それを順序だてていうならば、第一に成すべきことは、まず産業興隆であり、これこそがすべての戦略の支柱であり、基礎であり、保障であって、具体的には土地柄にあった効率の良い経済作物をつくることや、無土栽培やデジタル農園、ＡＩ養殖など最新技術の導入をはかること、また生産のみならず加工、流通にも参与することで農業を希望のある産業にすることであり、当面の目標は産業発展を農民の増収につなげ、農村の生活を豊かにするところにある、というわけである。

そして第二に、それはどのようにして実現するのかといえば、現場における人材の育成こそ一切の「要」であるとされる。なぜなら、これまでは農業の前途に希望がないため、有為な人材は挙げて農村の外に流出していた。だがこれからは、人材を農村内部に導き、現地に根を下ろさせ、そこで成果をあげさせることが大切なのである。また、農村振興には新しいタイプの農民を育成し、生産活動をリードする人材を育てなければならない。そのためには一旦村を離れた若者をも再び引き寄せ、農村での自律的なイノベーションと起業を奨励することが必要だと人材育成を重視しているのである。

しかも、さらに一項を設けて言及していることは、そうした人材によって末端の党組織を強化することの重要性である。習近平もまたこの点については「郷村振興を行なうには、何千何万の強固な農村末端党組織をつくり、何千何万の優れた末端党組織の書記を育てなければならない」と述べているのであり、かつての人民公社時代と同様、農村における基層幹部の重要性はいつの時代も同じであると思われる。*

そして第三に、ではどのような社会像を目指すのかといえば、それこそが「郷村振興戦略」に掲げられた「緑ある生態、人と自然が調和して共に暮らす生活を実現すること」であり、「これまでの郷村文化を保持すると共に、そこに現代文明を融合させて郷風文明の内実を一層豊かにすること」であり、「人々の必要に応じつつ、人々に

*＝人材の必要性が重視されていることについては、さらに二〇一九年一月一〇日に「中国共産党農村基層組織工作条例」（一九九九年制定）が大幅に修訂されたことが注目される。そこには、村の党組織が郷村振興について負うべき職責が明快に記されている。

とって満足のいく社会統治をつくりだすこと」であり、「一人とても欠けることなく、更なる豊かさを手にしていくこと」なのである。

おそらく現在の中国は、この目標に基づいて、郷村が都市と共に発展するような政策体系を確立したいと意図し、そうすることで初めて「農業がやりがいのある産業となり、農民が魅力ある職業となり、農村が安定して生活でき、楽しく働くことができる美しい故郷となる」と求めているのであろう。しかも、その上で、各部門にわたってそれぞれに見取り図を描いているのだが、それを、これまでに取り上げた問題との関連でいうならば、土地については農民の財産権を保障し、集団経済を発展させる。経営については、農業支援を充実させ、多様な形の適正規模経営（家庭経営、集体経営、合作経営、企業経営など）を発展させる。農民については、農村の一次、二次、三次産業の融合発展を促すなかで起業を奨励し、増収のルートを広げさせると企図している。そして、特に注目されるところは、環境問題の解決に力を入れ、青い空を維持し、水や土壌の汚染を防ぎ、森林、草原、河川を守り、生態系の保全に努めなければならないとしている点である。* それは産業振興を第一としながらも、企業や資本による過度の産業化を戒めているもので、それが、あえて「美しい郷村」「美しい故郷」と詩的な表現を重ねている所以であろうと思われる。そして、中国は広いので、それぞれの地方がそれぞれの方法を採用することが望ましく、幹部を中心に村の事情を勘案し、農民たちこそが意思や役割を十分発揮していかなければならないと注意を喚起しているのである。

このようにみるならば、この「郷村振興戦略」は、三農問題の解決のために二〇〇四年以来今日まで積み重ねられてきた一五編の「一号文件」を総括するものであり、今後の中国社会を考える上で、まず参照されるべきものであるにちがいない。**

---

*＝習近平は、二〇一八年五月一八日北京で開かれた全国生態環境保護大会において「推動我国生態文明建設邁上新台階」（我国生態文明の建設を推進し新たな段階に上ろう）という講話を行なったが、二〇一九年一月三一日には、それを再度全国に向けて示しているのであり、郷村振興に当って特にこの点を重要視していることが察せられる。

**＝この問題については、今年（二〇一九）五月、さらに「数字（デジタル）郷村発展戦略綱要」が出された。これは近年急速な発展をみせているデジタル化の趨勢を反映しているもので、そこではデジタル化によって今後都市と農村の一体的発展が広範かつ強力に進められることを目指している。

そのため、農業、農村の優先発展を堅持しようとするこの「郷村振興戦略」を継いで、翌二〇一九年もまた、第一六編目の三農問題に関する「一号文件」が出されたのであった。

二〇一九年の「中央一号文件」

今年二〇一九年の「中央一号文件」、「農業農村の優先発展と「三農」工作を堅持することに関する若干の意見」は、一月三日の日付ではあるが公表されたのは二月一九日であった。[28]だが、公表されてみると、その冒頭の一句には、政権の並々ならぬ決意が示されていた。

「今年と来年の二年間は、全面的に小康社会を打ち立てる上で、まさに最後の決戦の時である。『三農』領域には、その完遂のために必須な任務が少なからず存在している」

そしてそこには、今後成しとげるべき任務として以下の八項目があげられていた。それはすでに述べられたこととの重複が多いが、まさに現在ただ今進行中のものであり、対農村政策の総括でもあるところから、あえてここに記しておきたい。

①脱貧困の任務を完成すること、②農業の基礎を固め、主要農産品の供給を保証す

ること、③郷村建設を進め、農村に住む人々の居住環境を整え、教育、医療衛生、社会保障、文化体育など公共サービスを充実させること、④郷村の産業を発展させ、農民の増収の路を開くこと、⑤農村改革を深化させ、郷村発展の活力を高めること、⑥郷村の統治システムを改善し、社会の和諧と安定を保つこと、⑦農村党支部の力を強め、基層組織の建設を行なうこと、⑧党の三農工作への指導を強め、農業農村優先発展方針を貫くこと、以上である。

そして今回の「一号文件」が特に注目されるところは、それが、進め方においてより強く、より切迫感がこもった責務を伴うものとして提起されている点である。それは、二〇一九年が「第一の百年」目標に勝利するための「鍵」となる年だと特記されているからであり、その故に、成すべき任務が「硬任務」(是が非でもやり遂げなければならない任務)だと定められているからである。そのため、そこには「いささかも揺るがせにせず」「しっかり取り組み」「積極性、主体性を発動し」「新たな歩みに踏み出さなければならない」という農村社会に対する激励と指示の言葉が多用されているのである。これらの点から、二〇一九年および二〇年の成果は、習近平政権の評価にも直に関わるものとして、強い関心を持って見るべきものであろう。

反哺から協調発展へ

以上本書は、建国から数えてちょうど七〇年にあたる今年（二〇一九年）、この七〇年間の中国の都市と農村という二元的社会のありようについて、その歴史を振り返りつつ、今後について考えようとしたものであった。

そこでは、初め都市から農村への「反哺」（恩返し）が求められ、対応して国は、発展した都市の経済力を基礎として、農村の三農問題の解決にむけさまざまな施策を行なってきた。だが二一世紀もほぼ二〇年を経た現時点に立ってみると、特に注目されることは、都市および農村が共にすでにかつての姿ではなく、新たな都市像、新たな農村像が生まれ、その建設が進められていることである。最後に触れた「郷村振興戦略」にしても、それは農村に自立的発展を求めているのであり、さらにその対象が「農村」ではなく「郷村」とされていることには、新たな意味があると思われる。なぜなら「郷」とは、饗宴のとき器を中心にして相対座している人の関係を意味している言葉であり、その点からも、大きくいえば経済発展の中で形成された富を、都市と農村が共に分かち、共に引き上げようという方向性が見て取れるからである。また「郷村」とは地域概念であり、そこでは農業が行なわれるばかりでなく、その地域の政治、文化、社会、生態文明が展開されるところであり、そうした総合性に思いを致すことこそ、如何なる政権の下にあっても、二元的社会という二項対立をこえる基盤ではないかと思われるのである。

謝辞――「あとがき」に代えて

本書を記すにあたりましては、内外の先達の方々のご研究、ご業績、ご体験に学ぶこと多く、諸資料と共にそれらを拝読した日々は真に充実したものでした。従いまして、まず第一に、そうした先達の皆さまに心から御礼を申し上げます。

次には、一九七〇年代末から共に満鉄調査の記録を読み、共に華北農村調査に参加した故三谷孝先生をはじめとする『中国農村慣行調査』研究会メンバーの皆さまに深い感謝の念を申し上げます。中国の農村社会を理解したいという思いを、長く持ち続けることができましたのは、ひとえに皆さまのお蔭でした。またその際、実際に現地農村に赴き、村々で農民たちから親しく聞き取り調査を行なうことができましたことは何よりの喜びでしたが、それは天津の南開大学歴史系の魏宏運先生、天津社会科学院の張利民先生をはじめとする中国の諸先生方のお力添えによるものでした。振り返って感謝以外の何ものもありません。驚きと楽しさの交錯したあの華北農村での日々を懐かしく思い出します。

そうした中国の農村社会と都市社会の関わりについて、このたび放送大学叢書の形でまとめることができましたことは、ご推薦くださいました同大学の先生方のご厚意によるものです。ありがとうございました。本書は放送大学大学院科目「地域文化研究II　東アジア世界の歴史と文化」の中国近現代部分を継いでいるものです。当時、同科目を共にご担当くださいました川勝守先生、吉田光男先生には改めて感謝を申し上げる次第です。

そして末筆ではありますが、すべてを形にしてくださいました左右社の小柳学代表、編集者の守屋佳奈子さんに、この場をおかりして厚く御礼を申し上げます。

二〇一九年八月

浜口允子

参考文献・引用資料等出典一覧

はじめに

［1］杜潤生「需要転向工業反哺農業」（『杜潤生改革論集』中国発展出版社、2008、北京、161ページ）

同（『杜潤生文集（1980-2008）』下冊　山西経済出版社、2008、太原、1217ページ）

［2］胡錦濤「做好当前党和国家的各項工作」（中共中央文献研究室編『十六大以来重要文献選編』中　中央文献出版社、2006、北京、311ページ）

［3］習近平「飯碗要端在自己手里」（新聞頻道「学習中國」2015年8月25日）

［4］同「在中央農村工作会議上的講話」（中共中央文献研究室編『十八大以来重要文献選編』上　中央文献出版社、2014、北京、658ページ）

［5］白石和良『農業・農村から見る現代中国事情』家の光協会、2005、1ページ

第一章

［1］杜潤生著、白石和良 他訳『中国農村改革の父——杜潤生自述』（以下『杜潤生自述』と略記）農文協、2011、38ページ（杜潤生『杜潤生自述　中国農村体制変革重大決策紀実』人民出版社、2005、北京）

［2］林毅夫著、劉徳強訳『北京大学　中国経済講義』東洋経済新報社、2012、58ページ

［3］拙稿「建国期中国農村における国家意思の浸透」（『放送大学研究年報』13、1995）

［4］張萍、張琢「20世紀以降の中国の農村における 社会変動に関する研究」上（『佛教大学社会学部論集』60、2015）

［5］「関于新区土改決定」「関于重申正確執行土改政策中幾個具体問題的規定」（『中華人民共和国経済檔案資料選編　農村経済体制巻』社会科学文献出版社、1992、36ページ、45ページ）

[6] 前掲「建国期中国農村における国家意思の浸透」
[7] 前掲『杜潤生自述』58ページ
[8] 『新新新聞』一九四八年七月九日　一地方議員の発言(笹川裕史『中華人民共和国誕生の社会史』講談社選書メチエ、2011、77ページ)
[9] 山本市朗『北京三十五年――中国革命の中の日本人技師』上　岩波新書、1980、154ページ
[10] 金野純「建国初期中国社会における政治動員と大衆運動」(『アジア研究』51―3、2005)
[11] 三谷孝他『村から中国を読む――華北農村五十年史』第一編第二章、第二編第一章等、青木書店、2000
三谷孝編『中国農村変革と家族・村落・国家』汲古書院、1999、同第二巻、2000
[12] 史敬棠『中国農業合作化運動史料』三聯書房、1962
[13] 「中央人民政府政務院関于実行糧食的計画収購和計画供応的命令」(中共中央文献研究室編『建国以来重要文献選編』第四冊　中央文献出版社、1993、北京、561ページ)

第二章
[1] 「一九五六年到一九六七年全国農業発展綱要(草案)」(前掲『建国以来重要文献選編』第八冊、1994、47ページ)
拙稿「中国農村の組織過程における〝保証〟」(『人間文化研究年報』第一号　お茶の水女子大学人間文化研究科、1977)
[2] 「順義県沙井村十七戸農家家計収支及各項目比率一覧表」(中国農村慣行調査刊行会編『中国農村慣行調査』第二巻、岩波書店、1954、290ページ)
[3] 趙徳馨『中華人民共和国経済専題大事記』河南人民出版、288ページ
[4] 「関于全面開展農副業生産克服困難渡過災荒的聯合指示」、「関于今冬副業生産的指示」等、北京市順義区檔案館資料
[5] 前掲『北京三十五年――中国革命の中の日本人技師』下　75ページ
[6] 前掲『中国農村変革と家族・村落・国家』沙井村調査記録、665ページ、735ページ等

【7】前掲『北京三十五年――中国革命の中の日本人技師』下　13ページ

【8】「関于人民公社若干問題的決議」（前掲『建国以来重要文献選編』第十一冊、1995、598ページ）

【9】前掲『中国農村変革と家族・村落・国家』第二巻　後夏寨村調査記録、75ページ、84ページ等

【10】前掲『中国農村変革と家族・村落・国家』寺北柴村調査記録、318ページ、370ページ

【11】石原享一「都市と農村との収入格差」（小島麗逸編『中国の都市化と農村建設』龍渓書舎、1978、158ページ）

【12】張英莉「新中国の戸籍管理制度」上（『埼玉学園大学紀要』4、2004）

【13】前掲『北京三十五年――中国革命の中の日本人技師』下　73ページ

【14】林滋子『中国・忘れえぬ日々』亜紀書房、1986、116ページ

【15】前掲『中国農村変革と家族・村落・国家』寺北柴村調査記録、93ページ、203ページ、

【16】同右、沙井村調査記録、688ページ

【17】前掲『中国農村変革と家族・村落・国家』第二巻　後夏寨村調査記録、85ページ

【18】「中共中央関于社員私養家禽家畜和自留地等四個問題的指示」（前掲『建国以来重要文献選編』第十二冊、1996）382ページ

第三章

【1】陳凱歌著、刈間文俊訳『私の紅衛兵時代――ある映画監督の青春』講談社現代新書、1990、11ページ

【2】「中国共産党第八期中央委員会第九次全体会議公報」（前掲『建国以来重要文献選編』第十四冊　1997、85ページ）

【3】劉少奇「在拡大的中央工作会議上的講話」（前掲『建国以来重要文献選編』第十五冊　1997、89ページ）

【4】毛沢東「在拡大的中央工作会議上的講話」（同右、136ページ）

【5】鄧子恢「関于当前農村人民公社若干政策問題的意見」（『鄧子恢文集』人民出版社、1996、北京、594ページ）

【6】周恩来「国内形勢和我们的任務」、「論知識分子問題」（前掲『建国以来重要文献選編』第十五冊　223ページ、263ページ）

[7] 前掲『中国農村変革と家族・村落・国家』第二巻　後夏寨村調査記録、72ページ、88ページ、89ページ、90ページ等

[8] 「中共中央関于目前農村工作中若干問題的決定（草案）」（前掲『建国以来重要文献選編』第十六冊　1997、310ページ）

[9] 「中共中央農村社会主義教育運動中のいくつかの具体的政策についての決定（草案）」（毛里和子・国分良成編『原典中国現代史』第一巻　岩波書店、1994、222ページ）

[10] 前掲『北京三十五年――中国革命の中の日本人技師』下　108ページ

[11] 張承志著、小島晋治・田所竹彦訳『紅衛兵の時代』岩波新書、1992、32ページ

[12] 「プロレタリア文化大革命についての決定」（前掲『原典中国現代史』第一巻　256ページ）

[13] 前掲『北京三十五年――中国革命の中の日本人技師』下　114ページ

[14] 前掲『中国農村変革と家族・村落・国家』、同第二巻

[15] 前掲『北京大学　中国経済講義』87ページ

[16] 前掲『中国農村変革と家族・村落・国家』334ページ

[17] 同右　沙井村調査記録、687ページ、655ページ

[18] 同右　寺北柴村調査記録、338ページ

[19] 同右　676ページ

[20] 前掲『建国以来重要文献選編』第十五冊　700ページ

[21] 鄭有貴「文化大革命時期農業生産波動及其動因分析」（『中共党史研究』1998年3月）

[22] 農林中金総合研究所編、白石和良他訳『杜潤生　中国農村改革論集』農文協、2002、554ページ

[23] 同右　551ページ

第四章

[1] 毛里和子・毛里與三郎訳『ニクソン訪中機密会談録』名古屋大学出版会、2001

［2］「北京週報」1984年5月1日

［3］前掲『杜潤生自述』147ページ

［4］同右　17ページ

［5］同右　137ページ

［6］同右　139ページ

［7］同右　152ページ

［8］同右　157ページ

［9］同右　170ページ

［10］同右　336ページ

［11］中共中央批転「全国農村工作会議紀要」（中共中央文献研究室編『改革開放三十年重要文献選』上　中央文献出版社、2008、北京、230ページ）

［12］前掲『杜潤生自述』178ページ

［13］白石和良「中国流「農村」と「都市」の関係革命」（『現代農業』1995年増刊、農文協）

［14］「中共中央、国務院関于進一歩活躍農村経済的十項政策」（『中共中央国務院関于三農工作的一号文件匯編』（1982－2014）人民出版社、2014、56ページ）

［15］前掲『杜潤生自述』184ページ

［16］鄧小平「我們的宏偉目標和根本政策」（『鄧小平文選』第三巻　人民出版社、1993、77ページ）

［17］王曙光等編『最新教科書 現代中国』柏書房、1998、174ページ

［18］鄧小平「解決台湾問題、完成祖国統一大業提上具体日程」（前掲『鄧小平文選』第二巻　154ページ）

［19］呉敬璉著、青木昌彦監訳『現代中国の経済改革』NTT出版、2007、271ページ

［20］労働政策研究・研修機構「海外労働情報」中国（電子版）

［21］李昌平著、吉田富夫監訳『中国農村崩壊――農民が田を捨てるとき』NHK出版、2004、49ページ

第五章

［1］前掲『中国農村崩壊――農民が田を捨てるとき』133ページ
［2］杜潤生「農民のための免税を建議する」（前掲『杜潤生自述』 312ページ）
［3］江沢民「在慶祝中國共産党成立八十周年大会上的講話」（中共中央文献研究室編『十五大以来重要文献選編』下 人民出版社、2003、1893ページ）
［4］前掲『現代中国の経済改革』284ページ
［5］田中修「中国第11次5カ年計画の研究」内閣府経済社会総合研究所、2006年10月
［6］江沢民「全面建設小康社会、開創中国特色社会主義事業新局面」（前掲『十六大以来重要文献選編』上 中央文献出版社、2005、16ページ）
［7］温鉄軍著、丸川哲史訳『中国にとって、農業・農村問題とは何か?』作品社、2010、382ページ
［8］温鉄軍インタビュー「中国で三農問題はどのように議論されてきたか」（同右 340ページ）
［9］温家宝「政府工作報告」（前掲『十六大以来重要文献選編』中 2006、777ページ）
［10］2004～2014：『中共中央国務院関于〝三農〟工作的一号文件匯編（1982～2014）』人民出版社、2014
2015～2019：http://www.gov.cn 中華人民共和国中央人民政府政策（「政府網」と略記）
［11］陳錫文「中国農村政策と長期経済展望」農林中金総合研究所、2012年7月26日講演録
［12］魏璋「農村税費改革にみる中国政府の政策実行能力の分析」（愛知大学現代中国学会編『中国21』26巻 2007、186ページ）
［13］「堅持発揚艱苦奮闘的優良作風、努力実現全面建設小康社会的宏偉目標」（前掲『十六大以来重要文献選編』上 76ページ）
［14］下渡敏治「中国2004年一号文件以降の中国農業」（農林水産省『主要国の農業情報調査分析報告書（平成20年度）』
［15］国家統計局『中国統計年鑑』（電子版）以下同

[16] 習近平「中国夢、復興路」（前掲『十八大以来重要文献選編』上　83ページ）
[17] 「国家新型城鎮化規画（２０１４－２０２０）」（同右　８７９ページ）
[18] 李克強「政府工作報告」（同右　８４６ページ）
[19] 「関于全面深化農村改革加快推進農業現代化的若干意見」（前掲『中共中央国務院関于〝三農〟工作的一号文件匯編（１９８２－２０１４）』２７３ページ）
[20] 中国社会科学院農村発展研究所、安徽省調査（大島一二「中国における農業改革と大規模農業経営の育成」前掲『中国21』44巻、47ページ）
[21] 「中共中央国務院関于打贏脱貧攻堅戦的決定」（前掲『十八大以来重要文献選編』下　52ページ）
[22] 習近平「在中央扶貧開発工作会議上的講話」（同右　29ページ）
[23] 「国家主席習近平発表二〇一八年新年賀詞」人民網、２０１７年12月31日
[24] 「国家統計局：２０１８年全国農村貧困人口減少１３８６万人」新華網、２０１９年２月15日
[25] 李克強「政府工作報告」（『中華人民共和国第十三届全国人民代表大会第一次会議文件匯編』人民出版社、17ページ）
[26] 習近平「在中央農村工作会議上的講話」（前掲『十八大以来重要文献選編』上　６８２ページ）
[27] 「第一篇第一章重大意義」（『郷村振興戦略規画（２０１８－２０２２）』人民出版社、２０１８、３ページ）
[28] 「中共中央国務院関于堅持農業農村優先発展做好〝三農〟工作的若干意見」政府網、２０１９年２月19日

創刊の辞

この叢書は、これまでに放送大学の授業で用いられた印刷教材つまりテキストの一部を、再録する形で作成されたものである。一旦作成されたテキストは、これを用いて同時に放映されるテレビ、ラジオ（一部インターネット）の放送教材が一般に四年間で閉講される関係で、やはり四年間でその使命を終える仕組みになっている。使命を終えたテキストは、それ以後世の中に登場することはない。これでは、あまりにもったいないという声が、近年、大学の内外で起こってきた。というのも放送大学のテキストは、関係する教員がその優れた研究業績を基に時間とエネルギーをかけ、文字通り精魂をこめ執筆したものだからである。これらのテキストの中には、世間で出版業界によって刊行されている新書、叢書の類と比較して遜色のない、否それを凌駕する内容のものが数多あると自負している。本叢書が豊かな文化的教養の書として、多数の読者に迎えられることを切望してやまない。

二〇〇九年二月

放送大学長　石　弘光

放送大学
学びたい人すべてに開かれた
遠隔教育の大学
〒261-8568 千葉市美浜区若葉2-11
Tel: 043-276-5111　Fax: 043-297-2781　www.ouj.ac.jp

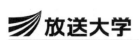

浜口 允子（はまぐち・のぶこ）
放送大学名誉教授。専攻は東洋史学、中国近現代史。
主な著書に、『北京三里屯第三小学校』（岩波新書）、『中国・近代への歩み』、『中国の近代と現代』（編著）、『東アジアの中の中国史』（共著、以上、放送大学教育振興会）、『村から中国を読む――華北農村五十年史』（共著、青木書店）、『天津史――再生する都市のトポロジー』（共著、東方書店）、調査記録『中国農村変革と家族・村落・国家』、同第二巻（共著、汲古書院）など。

1938年　長野県に生まれる
1960年　お茶の水女子大学文教育学部史学科卒業
1979年　同大学大学院人間文化研究科博士課程単位取得退学
　　　　放送大学助教授を経て
1989年　放送大学教授
2008年　同大学名誉教授

シリーズ企画：放送大学

現代中国　都市と農村の70年

2019年9月30日　第一刷発行

著者　浜口允子

発行者　小柳学

発行所　株式会社左右社
〒150-0002 東京都渋谷区渋谷2-7-6-502
Tel: 03-3486-6583　Fax: 03-3486-6584
http://www.sayusha.com

装幀　松田行正＋杉本聖士

印刷・製本　創栄図書印刷株式会社

Printed in Japan ISBN978-4-86528-248-1